Si alguien sufre el impacto negativo de la drogadicción, es precisamente la familia

RECUPERANDO
LA IDENTIDAD EN LA FAMILIA

José G. Velandia lozano

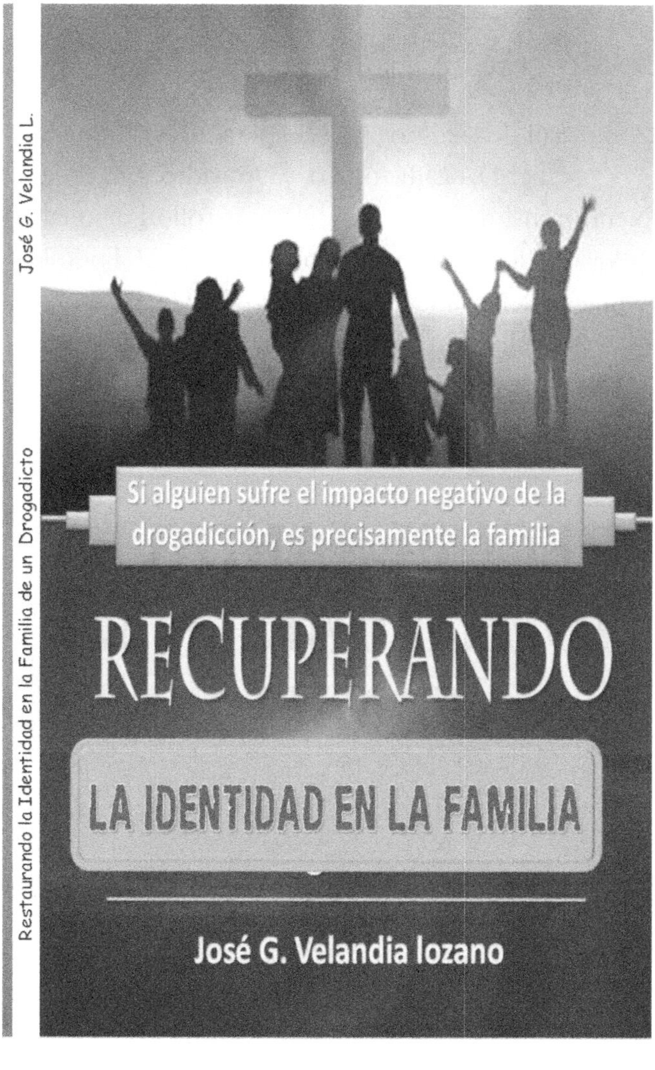

Restaurando la Identidad en la Familia de un Drogadicto

José G. Velandia L.

José G. Velandia L.

Autor de los libros

Como Salí de las Drogas, Recuperando la Identidad en el Drogadicto, No + Drogadicción, Neurotransformación para el Desarrollo Personal y ¿Por qué los Jóvenes Consumen Drogas? Todo lo que se debe saber acerca de la "Hache" Como Desarrollar Una Mente Libre De Adicciones.

RECUPERANDO LA IDENTIDAD EN LA FAMILIA

RECUPERANDO LA IDENTIDAD EN LA FAMILIA DEL DROGADICTO

Edición en español publicada e impresa por Editorial Beraca
Primera edición - 2015
Bogotá – Colombia
Edición: José G. Velandia Lozano
Diseño interior: José G. velandia Lozano
Diseño de cubierta: Claudia Milena Herrera
Categoría: Familia
Impreso en Bogotá – Colombia
Sur América

Ninguna parte de esta obra puede ser reproducida o trasmitida mediante ningún sistema o método, electrónico, o mecánico (incluidos el fotocopiado o cualquier sistema de almacenamiento de información sin la previa autorización por escrito de la Fundación Teo terapéutica Valle de Beraca excepto para citas breves en artículos.

A menos que se indique de otra manera, todas las citas bíblicas son tomadas de la versión bíblica Reina-Valera, revisión 1960.

Patentado en Derechos de Autor en Bogotá D.C y su ISBN se encuentra en trámite.

Email: neurotransformacion@gmail.com
Facebook: José Velandia
Whatsaap: +57 322 7217395
BOGOTÁ - COLOMBIA

MI AGRADECIMIENTO A...

Mi querida y amada esposa, Claudia. Realmente eres una mujer comprensiva y llena de virtud, siempre le agradeceré al Señor por haber sido mi esposa e idónea. Muchísimas gracias por apoyarme con tanto desinterés durante la elaboración de este libro.

A mis tres amados hijos, Kevin, Nicolás y Gabriela, que han hecho un gran sacrificio y demasiada tolerancia conmigo para que este libro pudiera ser terminado. Hijos ustedes son parte fundamental del gozo de mi corazón, a mis Padres que han sido de gran apoyo moral y material y a mis hermanos gracias por sus oraciones y apoyo incondicional.

Lo más importante: Mi sincera gratitud, por el don de escribir, a nuestro Señor Jesucristo por su gracia, amor, verdad, y al Espíritu Santo por su fiel guía durante el trabajo de escribir este libro.

BIOGRAFÍA DEL AUTOR

Después de haber vivido el problema de las adicciones por 20 años. Ha dedicado tiempo en desarrollar material sobre la Familia y drogadicción. Además ha impartido talleres de prevención del consumo de drogas, acoso escolar, rebeldía juvenil, noviazgo, familia y liderazgo para ayudar a la familia en la prevención del consumo de drogas y otras adicciones en la juventud. En la actualidad es Lic. En Teología Pastoral, Docente del Diplomado en Teoterapia de las Adicciones en Theology University International de los EE.UU, Escritor, Conferencista Internacional, Autor y Docente del diplomado en Formación Integral para Tratar las Adicciones, Asesor en Prevención del consumo de drogas y otras adicciones en Servicio Nacional de Aprendizaje "SENA" Regional (Kennedy) y Profesor de Prevención en varias instituciones académicas. Director y Fundador de la Fundación Terapéutica Valle de Beraca.

Nació en Bogotá (Colombia) y se casó con Claudia M. Herrera el 20 de noviembre del año 2005, tienen tres hijos: Kevin, Nicolás y Gabriela.

PREFACIO

La drogadicción es un fenómeno que está destruyendo el núcleo familiar. Este libro que está en sus manos le dará pautas de crianza y la capacitación idónea a la hora de establecer un hogar saludable que sea apto para convivir con la sociedad de una manera bíblica.

Para que se pueda crear un drogadicto, es precisamente porque algo no funciono en el desarrollo de la infancia o en la adolescencia del individuo que sufre de esta problemática. Tal vez la identidad en su familia se perdió o nunca se tuvo una verdadera identidad.

La familia es la extensión del carácter de Dios, por esta razón el enemigo está ensañado contra ella. Es nuestra responsabilidad presentarla saludable y sin mancha ante el Señor. Vivamos cada página de este libro y será una experiencia maravillosa, ya que el mayor privilegio que El Señor nos ha dado es el de disfrutar de un hogar saludable y sobre todo saber que la esencia del mismo es vivir cada momento de nuestras vidas interactuando entre esposos, padres e hijos. Las rabias que producen las pataletas de nuestros hijos, pero también los desacuerdos de los padres es realmente una bendición de parte de nuestro amado Dios. Entender que la familia no es perfecta, pero que podemos cabalgar día a día para que vivamos en armonía y buscar con ahínco que nuestro hogar sea lleno de la Gloria de Dios.

INTRODUCCIÓN

Por cuanto Dios concibió la familia y Su propósito sigue siendo bendecir todas las familias de la tierra. Sabemos que el propósito Dios en cuanto al hogar es bendecirlo. Para nadie es un secreto que la identidad en la familia se está perdiendo gradualmente ¿pero a qué se debe este descalabro familiar? Los medios de comunicación se han encargado últimamente de enviar mensajes ya no subliminales, sino directos para crear disfuncionalidad en el núcleo familiar. La familia al carecer de una verdadera identidad, desconoce totalmente los roles o funciones de cada uno de sus integrantes. Una familia que carece de ética y valores es literalmente una fábrica de inválidos sociales que a lo primero que recurren es a la drogadicción y por ende a la delincuencia. La mayoría de los familiares de los alcohólicos y los adictos niegan que les haya afectado y afecte el problema de la adicción de un miembro de la familia. Este tipo de pensamientos provocan una gran confusión no solamente en el adicto sino en toda la familia. Vista como una unidad, los efectos directos del abuso de alcohol y drogas sobre la familia son el de la desintegración y el de la disfuncionalidad, esto es, por un lado, la inevitable tendencia a desaparecer como grupo unido y por el otro la incapacidad creciente para cumplir sus objetivos humanos básicos, como lo son el cuidado y la protección de sus integrantes, así como el de ser un espacio para el ejercicio sano de la vida afectiva y de relación.

CONTENIDO

1. FUNCIONES O ROLES EN LA FAMILIA
   - Función del guia espiritual
   - Función del padre
   - Función del esposo
   - Función de la madre
   - Función d la esposa
   - Función de los hijos

2. TIPOS DE HOGARES
   - Familia monoparental
   - Familia autócrata
   - Familia Permisiva
   - Familia sobreprotectora
   - Familia Reconstituida
   - Familia Homoparental
   - Familia democrática

3. FAMILIA Y CODEPENDENCIA
4. FAMILIA Y PROCESOS DE RESTAURACIÓN

FUNCIONES O ROLES EN LA FAMILIA

La familia como tal es una empresa constituida primeramente y exclusivamente por Dios y por lo tanto necesita que cada uno de sus integrantes desarrolle el rol o la función que le corresponde. De esta manera es que se forman hogares saludables. Una persona que no puede perdonar, ha olvidado cuán grande es la deuda que Dios le ha perdonado.

Nosotros como padres de familia, no podemos, ni mucho menos llevar nuestro hogar como fue llevado por nuestros padres, recordemos que no son los mismos, pero pueden ser diferentes.

Esto es para aquellos padres que desafortunadamente les tocó vivir en un hogar disfuncional o donde la palabra amor y bienestar solamente eran un cuento de hadas. "Hagamos de la familia el mejor lugar para crecer".

Veamos que nos enseña la Palabra de Dios sobre los roles en el núcleo familiar. *Génesis 2:24.*

El Señor es muy claro a la hora de indicar en esta porción de Su Palabra los roles dentro de la familia; habla del hombre, el padre, la mujer y la madre, vemos que el hombre y la mujer se unen en el vínculo del matrimonio y pasan automáticamente a ser esposos. Veamos a continuación los roles o funciones del hombre y la mujer dentro de dicho núcleo:

LA FUNCIÓN DEL GUIA ESPIRITUAL

Recordemos que en la antigüedad los padres solían ir los domingos a la iglesia y había un ambiente espiritual constante, había una búsqueda del Creador continua, debido a lo acelerado que va este mundo, ya muy poco se presta atención a la búsqueda de Dios para que proteja la familia.

Veamos que nos enseña la Biblia a través de la vida JOB. Él nos enseña al inicio de su libro que todos los días debemos presentar nuestra familia para que Dios la guarde y le otorgue Sus bendiciones.

JOB. 1:5. Job enviaba y los santificaba, y se levantaba de mañana y ofrecía holocaustos conforme al número de todos ellos. Porque decía Job: Quizá habrán pecado mis hijos, y habrán blasfemado contra Dios en sus corazones. De esta manera hacía todos los días. Job tenía un santo celo de que se conservasen puros y sin mancha en medio de todas sus actividades.

En cierta medida un guía espiritual, es aquel que se hace responsable ante Dios de toda su familia.

Así deben comportarse los guías espirituales en la familia. Sabemos que el mundo y sus deleites están ejerciendo una presión continua sobre nuestros hijos a través de los medios de comunicación y las redes sociales, es un bombardeo emocional para que accedan a hábitos que encadenan y no dejan que se desarrollen como personas integras en la familia, tales prácticas son: Drogadicción, delincuencia y rebeldía juvenil. El guía espiritual debe encargarse diariamente de levantar ese altar de oración y adoración a favor de su núcleo familiar. Es la única manera en que en estos últimos tiempos podemos mantener protegida nuestra familia.

Precisamente esto era lo que hacía JOB. Todos los días se levantaba temprano y presentaba hijo por hijo delante de la presencia de Dios por si alguno había pecado delante del El. Esto nos debe servir de ejemplo a la hora de cumplir con esta función, ya que es una de las más importantes, aunque todas son de igual importancia dentro de la familia para que podamos construir hogares saludables.

El ejemplo de una vida piadosa contagia el ambiente en nuestro hogar, podemos enseñarles la Biblia y orar por ellos, pero recuerde que JOB era un claro ejemplo vivencial de la presencia del Creador, de igual manera lo debemos hacer nosotros en este rol. Los hijos se dan cuenta inmediatamente si nosotros fingimos tal piedad, no podemos orar y enseñarles la Biblia si el buen ejemplo no va acompañado de estas dos características. De nada vale predicar y orar si nuestro ejemplo no es el más adecuado. Debemos vivir vidas transparentes conforme lo enseña la Palabra de Dios. He tratado drogadictos por más de 10 años y siento mucha tristeza en mi corazón de ver cómo llegan estas personas mutiladas emocionalmente por causa del mal testimonio que les dieron sus padres, y lo más frustrante es que la mayoría supuestamente provenían de hogares "cristianos o evangélicos". Si queremos enriquecer aún más nuestra vida espiritual sería bueno que leyéramos la vida de Job y sé que nos serviría en gran manera, ya que necesitamos padres como él. Pues hablar de hogares saludables se convirtió en una ofensa para la sociedad actual ya que están desapareciendo.

Características

- Es fiel servidor de Dios y cuidadosos de no hacer el mal a nadie.
- Vela por la convivencia familiar después que salen a crear su propio hogar.
- Mantiene una comunicación continua con sus hijos.
- Un hombre que busca el favor y la protección de Dios, de madrugada para cada uno de sus hijos.
- Vela por que sus hijos no ofendan a Dios con su comportamiento, por esta razón era la oración diaria de madrugada.

Es muy triste ver en muchos hogares que la ausencia de esta función no existe y por esta razón los jóvenes están siendo presa de las problemáticas juveniles que los lleva a la perdición. Es tiempo querido padre que haga uso de este don que Dios nos ha dado, pues es la manera en que podemos activar el favor y la protección de Dios hacia nuestros hijos.... ¡recuerde que ellos son la extensión de nuestra familia! Un buen hijo será un buen padre y un mal hijo será un mal padre.

LA FUNCIÓN DEL PADRE

Un padre es aquel que ha dejado que la paternidad de Dios descienda sobre su vida, cuando tenemos un concepto claro de la paternidad de Dios se nos facilita desarrollar adecuadamente este rol. (Padre no es solamente el biológico, hacemos énfasis en la paternidad como tal).

Estimado padre, Dios lo ha llamado a ser líder en su familia. No hay otro que lo pueda remplazar. Enfrente el reto de ser un buen líder. Guie a su familia en las sendas de justicia. Mantenga el orden en su hogar. Y cuando otros quieran manipular a su familia, tiene que rechazarlos y tomar con mano fuerte el timón del hogar. Su ojo debe estar puesto en la meta y su corazón tiene que estar resuelto alcanzarla. Veamos algunas características:

UN BUEN PADRE ES UN PROVEEDOR

Manda también estas cosas, para que sean irreprensibles; porque si alguno no provee para los suyos, y mayormente para los de su casa, ha negado la fe, y es peor que un incrédulo.

Es la mayor responsabilidad que se nos ha delegado, es quien suple todas las necesidades en el hogar. Esta función se ha deteriorado, diría yo en un porcentaje bastante alto, ya que por causa de las problemáticas actuales, los padres no les importa dejar el hogar abandonado e ir detrás de llenar sus vacíos emocionales, ya sea con otra pareja o simplemente desentenderse de la obligación que este título acarrea. Ser un buen proveedor requiere varias cualidades, entre ellas: Ser trabajador. Para ganar y proveer es necesario trabajar, a veces mucho, hay que soportar el frío, el calor, el cansancio, etc. A veces hay que ir a trabajar a un enfermo.

Ser prudente para dedicar el dinero ganado a lo que realmente es necesario para suplir las tres necesidades básicas de los hijos:

- Alimentación
- Vivienda
- Vestido.

UN BUEN PADRE ES UN BUEN EJEMPLO A SEGUIR

Hubo en tierra de Uz un varón llamado Job; y era este hombre perfecto y recto, temeroso de Dios y apartado del mal.

1. Sin el ejemplo de nada sirven las palabras

2. Un padre digno de ser imitado no tiene vicios

3. Un padre digno de ser imitado es un hombre integro

- Es honorable, hombre de palabra
- Es honrado, correcto en sus tratos
- 5. Un padre digno de ser imitado es uno que afronta las adversidades con aplomo.

La historia del hijo prodigo nos da una referencia de lo que debemos hacer como padres.

Esta historia es el reflejo que Dios nos da para exhortarnos a vivir la paternidad de una manera divina. Veamos algunas características que nos aportan conocimiento para aplicarlo en nuestro hogar.

COMPASIVO

Esto ha de servir de ejemplo para los padres, por si alguno de los hijos les ha sido desobediente o se han marchado de casa, a fin de que, si los hijos entran en razón y se arrepienten de lo que han hecho no sean duros y severos con ellos, si no que los traten con la sabiduría que es de arriba..., condescendiente, benigna y llena de misericordia.

Pero la sabiduría que es de lo alto es primeramente pura, después pacífica, amable, benigna, llena de misericordia y de buenos frutos, sin incertidumbre ni hipocresía. Y el fruto de justicia se siembra en paz para aquellos que hacen la paz.

AMOROSO

Expreso su amor y su perdón antes que el hijo expresara su arrepentimiento, con este beso, no solo le aseguro una buena acogida, sino que también sello el perdón más generoso y completo; todas sus anteriores locuras serán perdonadas y olvidadas, pues no hallamos aquí ni una sola palabra de reproche. Como hace falta en los hogares actuales esta actitud, gran parte de los jóvenes que he tenido el privilegio de aconsejar y ayudar en el tema de las adicciones, vienen muy heridos por falta de amor verdadero. Se dice que el 80% de las personas que están o han pasado por el consumo problemático de drogas y otras adicciones ha sido por falta de amor en sus hogares.

Algo para recordar es una de las manifestaciones de Dios a través del amor Filial en Griego Fileo es ese amor fraternal que no despierta ningún deseo impuro entre padres e hijos.

El Padre ama al Hijo, y todas las cosas han entregado en su mano.

GENEROSO

Le dio vestido, anillo y sandalias. Es señal de volver a ser miembro de la familia, con esto se da a entender que cuando está bajo las normas y reglas del hogar, recibirá los beneficios del mismo, pero si sale de nuevo perderá de nuevo dichos privilegios, y volverá a su estado harapiento.

DISCIPLINA

Muchos padres han mal interpretado esta palabra, cuando el Señor habla de disciplina es literalmente: formar, entrenar y capacitar a nuestros hijos para que tengan un buen comportamiento ante la sociedad, recordemos que necesitamos preparar y educar a nuestros hijos para que formen su propio hogar y no para que se queden en el nuestro. Por esta razón el hombre dejara a padre y madre y se unirá a su mujer. Pero muchos padres aún no han entendido este mensaje de parte del Señor. Muchos piensan que disciplinar es maltratarlos físicamente para que cambien su conducta, pero el Señor nos enseña en Romanos 12:2. Lo que necesitamos es ayudar por medio de la Palabra de Dios a transformar su manera de pensar para que así cambie su manera de vivir, no son los maltratos físicos los que cambian la vida de un hijo. Por esta razón veo y trato muchísimos hombres sin importar su edad, que odian a su padre por causa de los golpes. Veamos el siguiente gráfico.

Algo para resaltar sobre este rol o función, es que de ninguna manera debemos ser amigos de nuestros hijos. Debemos ser muy claros sobre los principios paternales... ¡Jamás! Se debe confundir ni mucho menos caer en este error en el cual muchísimos hogares están padeciendo de este mal, tratar de fingir una amistad con los hijos para que no se sientan mal en el hogar y así evitar que haya un desorden en sus vidas.

El padre además de guiar el rumbo de la familia, también suple las necesidades en las tres dimensiones que componen la vida de un hijo.

- ESPIRITUALMENTE
  A través de la guia espiritual enseñándoles la Biblia y presentarlos todos los días en oración delante de nuestro Dios.
- ALMA (psicológica y emocionalmente)
  Caricias, abrazos, palabras de edificación y buen ejemplo.
- CUERPO
  Suplir las tres necesidades básicas del ser humano (alimentación, vestido y vivienda)

FUNCIÓN DE LOS ESPOSOS

Los esposos como tal le dan forma al matrimonio, y la función es suplir la satisfacción el área sentimental y sexual de la pareja. La Biblia nos da una buena reseña sobre el manejo adecuado en la relación de pareja.

1 Corintios. 7:1-4. En cuanto a las cosas de que me escribisteis, bueno le sería al hombre no tocar mujer; pero a causa de las fornicaciones, cada uno tenga su propia mujer, y cada una tenga su propio marido. El marido cumpla con la mujer el deber conyugal, y asimismo la mujer con el marido. La mujer no tiene potestad sobre su propio cuerpo, sino el marido; ni tampoco tiene el marido potestad sobre su propio cuerpo, sino la mujer. No os neguéis el uno al otro, a no ser por algún tiempo de mutuo consentimiento, para ocuparos sosegadamente en la oración; y volved a juntaros en uno, para que no os tiente Satanás a causa de vuestra incontinencia.

Pablo responde ahora a ciertas preguntas que le habían hecho los corintios acerca del matrimonio. Les muestra que el matrimonio fue establecido como un remedio contra la fornicación y al mismo tiempo se presenta la igualdad de deberes y derechos de los esposos.

CONCEPTOS SOBRE LA UNIÓN SEXUAL

A continuación, se expone unas características sobre la unión sexual de los esposos en unas frases que son poco enseñadas y mal practicadas incluso por parte de parejas aun cristianas.

De buena manera, exhorta al esposo a que cumpla con el deber de esposo. La obligación conyugal a la que el Apóstol Pablo se refiere, es al derecho de parte de la pareja al acto de la unión sexual, con el deber consiguiente de cada uno de ellos de consentir de buena manera en la exigencia del otro, a no ser por razones de salud u otras bien conocidas (periodo menstrual) sean suficientes para dar una negativa razonable.

Al casarse, la pareja se entrega de tal forma que la mujer y el hombre no son dueños de sus cuerpos. Pablo hace una exhortación o requerimiento para que la pareja se abstenga de la unión sexual y sea legítima la negación. Veamos algunos textos bíblicos referentes a este tema:

1 Corintios 7:10-16. Pero a los que están unidos en matrimonio, mando, no yo, sino el Señor: Que la mujer no se separe del marido; y si se separa, quédese sin casar, o reconcíliese con su marido; y que el marido no abandone a su mujer. Y a los demás yo digo, no el Señor: Si algún hermano tiene mujer que no sea creyente, y ella consiente en vivir con él, no la abandone. Y si una mujer tiene marido que no sea creyente, y él consiente en vivir con ella, no lo abandone. Porque el marido incrédulo es santificado en la mujer, y la mujer incrédula en el marido; pues de otra manera vuestros hijos serían inmundos, mientras que ahora son santos. Pero si el incrédulo se separa, sepárese; pues no está el hermano o la hermana sujeto a servidumbre en semejante caso, sino que a paz nos llamó Dios.

Aquí se considera como un don de Dios tanto el estado matrimonial como el de soltería. El Apóstol

Pablo se basa en las enseñanzas de Jesús, dirigidas a judíos casados con mujeres también judías, y aquí aplica a los matrimonios en que ambas personas son cristianas. En el Versículo 12. El Apóstol Pablo se refiere al problema de los matrimonios mixtos, que resultaban de la conversión a la fe cristiana de una persona ya casada; esta nueva situación requería una solución especial, no especificada en las enseñanzas de Jesús. Aun en estos casos, la unión matrimonial es sagrada, y los hijos nacidos de ella forman parte del pueblo santo; por consiguiente, tanto el esposo o esposa no creyente como los hijos reciben ciertos beneficios de su relación con la comunidad cristiana.

PARA TENER EN CUENTA CON RELACIÓN AL HOMBRE

1. **La satisfacción sexual da seguridad al hombre**: Cuando el hombre lleva una vida sexual satisfactoria, tiende a enfrentar con mayor entusiasmo las presiones y los problemas diarios. Un hombre seguro de sí mismo es un buen padre, un buen esposo, un excelente padre y sacerdote.
2. **Intensifica su deseo amoroso hacia su esposa:** Cuando el hombre satisface su deseo sexual, intensifica su amor hacia su cónyuge. Se vuelve tierno, comprensivo, detallista, etc.

3. **Reduce las irritaciones en el hogar y trae paz mental:** Un hombre sexualmente satisfecho es por lo general un hombre contento y de mucha paciencia.

PARA TENER EN CUENTA CON RELACION A LA MUJER

1- La hace sentir segura de sí misma: El logro más importante para la mujer casada es su calificación como esposa, la mujer asegura su imagen con base en el hogar (Prov.14:1), le ayudara en su autoestima y le motivara a ser mejor esposa y madre.

2- Le asegura el amor a su esposo: La mujer tiene una gran capacidad para amar, tanto para dar amor, como para recibirlo. La mujer manifiesta su amor como esposa, como madre, etc. Veamos algunos tipos de amor requeridos por la mujer:

- Amor de compañerismo. Dedicar tiempo a la esposa.
- Amor compasivo. Comprender a la mujer en el área emocional.
- Amor romántico. El romanticismo y los detalles.
- Amor afectivo. Ser valorada con besos, caricias, etc.

Precisamente en esta área es donde el enemigo trabaja intensamente, pues sabe que si logra destruir la relación de pareja, lograra destruir un hogar y por ende una generación completa, por esta razón es muy importante conocer y poner en práctica los consejos prácticos que nos ofrece la Palabra de Dios a la hora de tener una relación saludable entre la pareja de esposos.

Dijo el *Dr. David Hormachea. No basta conocer la Biblia para poder enseñar cómo vivir la vida sexual al estilo divino. Se necesita conocer al hombre y a la mujer, saber cómo, por qué y para que fueron creados por Dios y conceptos apropiados sobre la vida sexual con alta moralidad, para poder tener verdadera intimidad.*[1]

FUNCIÓN DE LA MADRE

Una madre tiene naturalmente una gran influencia sobre sus hijos, sea para bien o para mal. Es muy importante y el deber de ambos padres, instruir a los hijos en el bien, y en el mal, a fin de que no sean tentados. Cuando son muy jóvenes están más tiempo en el ojo de la madre y ella tiene entonces la oportunidad de moldear el carácter o el criterio de los hijos. Un buen texto de la biblia que nos puede dar un buen contexto de la mujer como esposa, pero también como madre es el siguiente Proverbio:

Prov. 31.

---

[1] Conferencia del Dr. DAVID HORMACHEA

Palabras del rey Lemuel; la profecía con que le enseñó su madre. ¿Qué, hijo mío? ¿Y qué, hijo de mi vientre? ¿Y qué, hijo de mis deseos? No des a las mujeres tu fuerza, Ni tus caminos a lo que destruye a los reyes. No es de los reyes, oh Lemuel, no es de los reyes beber vino, Ni de los príncipes la sidra; No sea que bebiendo olviden la ley, Y perviertan el derecho de todos los afligidos. Dad la sidra al desfallecido, Y el vino a los de amargado ánimo. Beban, y olvídense de su necesidad, Y de su miseria no se acuerden más. Abre tu boca por el mudo En el juicio de todos los desvalidos. Abre tu boca, juzga con justicia, Y defiende la causa del pobre y del menesteroso. Mujer virtuosa, ¿quién la hallará? Porque su estima sobrepasa largamente a la de las piedras preciosas. El corazón de su marido está en ella confiado, Y no carecerá de ganancias. Le da ella bien y no mal Todos los días de su vida. Busca lana y lino, Y con voluntad trabaja con sus manos. Es como nave de mercader; Trae su pan de lejos. Se levanta aun de noche Y da comida a su familia Y ración a sus criadas. Considera la heredad, y la compra, Y planta viña del fruto de sus manos. Ciñe de fuerza sus lomos, Y esfuerza sus brazos. Ve que van bien sus negocios; Su lámpara no se apaga de noche. Aplica su mano al huso, Y sus manos a la rueca. Alarga su mano al pobre, Y extiende sus manos al menesteroso. No tiene temor de la nieve por su familia, Porque toda su familia está vestida de ropas dobles. Ella se hace tapices; De lino fino y púrpura es su vestido. Su marido es conocido en las puertas, Cuando se sienta con los ancianos de la tierra. Hace telas, y vende, Y da cintas al mercader. Fuerza y honor son su vestidura; Y se ríe de lo por venir. Abre su boca con sabiduría, Y la ley de clemencia está en su lengua. Considera los caminos de su casa, Y no come el pan de balde.

Se levantan sus hijos y la llaman bienaventurada; Y su marido también la alaba: Muchas mujeres hicieron el bien; Mas tú sobrepasas a todas. Engañosa es la gracia, y vana la hermosura; La mujer que teme a Jehová, ésa será alabada. Dadle del fruto de sus manos, Y alábenla en las puertas sus hechos.

Este himno hacia la mujer es de gran importancia aplicarlo diariamente a la hora de criar la madre a sus hijos. Veamos las siguientes características:

EXHORTA
El aviso que le da contra dos pecados especialmente destructores: Drogadicción, fornicación, lujuria y la borrachera. Es una exhortación al buen comportamiento tanto en el hogar como en otros lugares donde se encuentre.

RESPONSABLE
En este texto el proverbista enseña la responsabilidad de una madre a la hora de ejecutar este rol. Desafortunadamente hay mujeres que se han olvidado por completo de este mandato y lo han dejado a merced de sus hijos. Podemos ver en algunos casos en que el padre ha abandonado el

hogar y la madre queda sola con esta responsabilidad.

Muchas madres al estar en esta situación delegan su responsabilidad sobre los hijos exigiéndoles que deben trabajar y lo peor de todo en el transporte urbano, plazas de mercado y semáforos. Por esta razón son muchos los jóvenes en esta condición que no quieren estudiar, pues el patrón de conducta que fue sembrado en ellos los lleva a rebuscarse la vida de esta manera.

ADMINISTRADORA

Una buena madre por naturaleza es fiel en la administración de las finanzas en el hogar, vela por que el padre siempre este informado de las responsabilidades de su casa. Se necesita esa ayuda idónea a la hora de administrar los bienes de la familia, es muy importante cuando la madre a través del diálogo respetuoso le informa al padre los gastos del hogar oportunamente para que cuando llegue la hora de pagar las responsabilidades financieras, los recursos estén disponibles.

CONFÍA PLENAMENTE EN DIOS

No le preocupa el día de mañana, pues tiene atesoradas en su corazón las promesas del Señor. Una madre que confía plenamente en las promesas que El Señor le ha hecho, es una madre que no necesita de los gritos en su hogar para que los demás componentes del mismo funcionen saludablemente y de esta manera se ocupen cada uno de sus responsabilidades dentro del núcleo familiar. Estamos en un tiempo en que la fuerza de los gritos ya no funciona, lo que esta actitud hace es alejar y descomponer el ambiente en el hogar.

ES SABIA PARA ENSEÑAR A SUS HIJOS
Está bien equipada para todos los problemas, todas las adversidades y contrariedades que la vida le puede traer a ella y a su familia. Trata con honor y respeto a su familia y como dice en el V.28. Su esposo y sus hijos la alaban. Una madre puede formar en su hijo el carácter o el criterio, pues se necesitan de ambos para que el hijo pueda crecer emocionalmente saludable. El criterio es esa serie de valores que el niño necesita como herramienta para interactuar de una manera sabia ante la sociedad.

El Carácter es esa serie de características que le van a servir al niño para desarrollarse integralmente a la hora de tomar decisiones en su vida. Veamos un claro ejemplo en el siguiente gráfico:

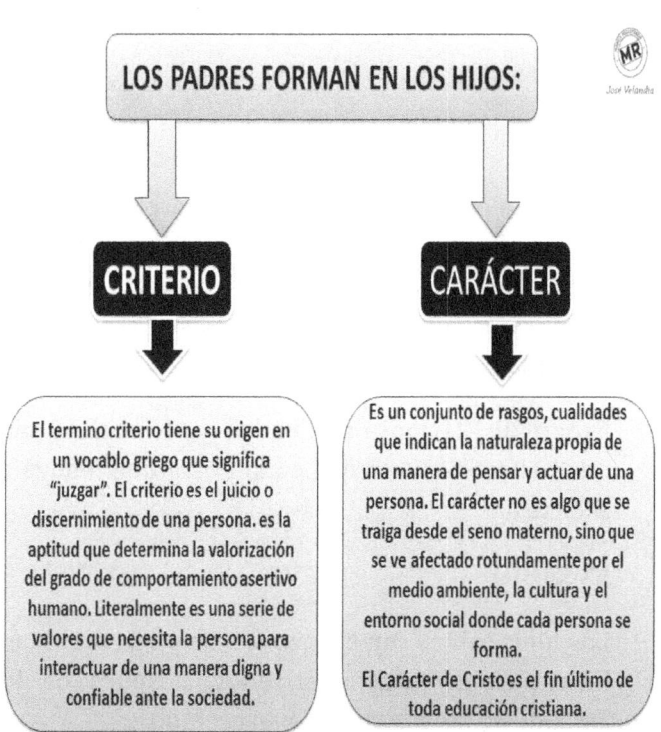

HONRA A DIOS

Literalmente es temerosa. Una madre que honra a Dios es porque sabe que en El encuentra refugio para ella y su familia, una atmosfera de paz siempre la rodea, pero sobre todo de sus labios siempre abra un motivo para adorar y alabar a Dios.

---

[2] Grafico por José velandia

FUNCIÓN DE LOS HIJOS

Características

HONRA A SUS PADRES

El quinto mandamiento Dios lo da específicamente para los hijos en general, se habla de la honra hacia los padres, pues así permitirán que sus días en esta tierra sean de larga vida. Honrarlos es reconocer la autoridad que ellos ejercen sobre los hijos.

Éxodo 20:12. Honra a tu padre y a tu madre, para que tus días se alarguen en la tierra que Jehová tu Dios te da.

ES SABIO

Los hijos sabios son el gozo de sus padres, quienes bien pueden gozarse en ellos, después de los cuidados y fatigas que les han costado.

Y un motivo más de satisfacción para los hijos es saber que han servido de consuelo y ayuda a sus padres cuando estos han llegado a la vejez. En cambio, los malos hijos menosprecian a sus padres, no reconocen su autoridad y les pagan con malos tratos los beneficios que de ellos recibieron.

Ahora es muy importante tener en cuenta la edad del niño y su desarrollo para saber qué exigirle, cómo y por qué.

Para los menores de edad:

No es lo mismo un niño de dos años que uno de siete, las exigencias deben de ir adaptándose y equiparándose a la edad y características del niño.

Pero desde que son muy pequeños se le debe enseñar a buscar de Dios, ser responsables, implicarles en las tareas del hogar y favorecer la autonomía personal:

1. **Espiritualidad:** Es muy importante enseñarles continuamente el valor de esta área, hay muchísimas metodologías para hacer que la Biblia se vaya interiorizando en su corazón: Biblias para niños, historias de la Biblia, alabanzas, etc.

2. **Responsabilidades:** Consiste en enseñarles a ser consecuentes y responsables de sus actos, ayudarles a asumir que los fracasos forman parte de la vida y que son útiles para aprender de los errores.

Para desarrollar el sentido de la responsabilidad es muy importante que los niños tengan obligaciones adaptadas a su edad y características.

3. **Tareas del hogar:** Desde que son muy pequeños se les puede implicar en las tareas del hogar, desde poner las servilletas en la mesa, recoger los juguetes, tener ordenada la cartera, etc.

La implicación en estas tareas debe ser mayor a medida que los niños van creciendo.

4. Tareas de autonomía personal: Consiste en enseñarles a ser independientes, desde que son muy pequeños siempre hay algo que los niños pueden hacer solos.

Si los padres hacen todo por los hijos y no les dejan hacer nada por ellos mismos, nunca van a saber qué actividades pueden hacer solos.

Son muchas las áreas en las que los niños pueden colaborar:

a. Aseo y vestido: Es necesario crear buenos hábitos en la higiene personal desde que son pequeños. Un niño de 3 o 4 años puede asearse solo, con algo de ayuda y supervisión.

Seguramente tardarán más, lo llenen todo de agua, etc. pero si no se les da cierta autonomía, no se les está ayudando a crear hábitos pequeños para que en un futuro adquieran otros más importantes.

b. Comida: Desde que son pequeños y en la medida de sus posibilidades deben aprender a comer solos, y se les puede ir enseñando a tener buenos modales en la mesa.

Esto requiere mucha paciencia por parte de los padres, pero de esta forma los niños cuando crezcan habrán ganado mucho.

Es muy importante que los niños no vean estos deberes como un castigo sino como algo que forma parte de la convivencia familiar, y que lo mismo que los padres tienen unas obligaciones ellos, tienen que tener otras.

Prov. 15:20: El hijo sabio alegra al padre; Mas el hombre necio menosprecia a su madre.

Todo mal hijo es mal padre y todo buen hijo es buen padre.

Tipos de Disfuncionalidad en la Familia

La familia es la primera y más importante estructura de autoridad que experimentamos todos nosotros. Por tanto, nuestro carácter, nuestro concepto de autoridad, y nuestra actitud hacia ella, son básicamente formados en la familia. Pero también las heridas más profundas de nuestra vida, generalmente son las que provienen de nuestra niñez y de nuestra familia. Una familia que funciona mal, ejerce una presión constante que deforma emocionalmente de por vida a aquellos que se crían en ella.

Además, la familia es la célula básica de la sociedad. Por tanto, los problemas y las disfunciones de la sociedad se reflejan en la familia, y las disfunciones de las familias se proyectan en la sociedad. Un número "suficiente" de familias disfuncionales hace que la sociedad entera se vuelva disfuncional.

Lo malvado de esta influencia es que pasa desapercibida. El niño que crece en una familia disfuncional, por lo general no se da cuenta de que su familia no es normal. Podemos ver que nunca antes el núcleo familiar había sido tan atacado desde varios frentes, pero precisamente son los niños y niñas los que realmente están recibiendo todo este impacto por decirlo de alguna manera. Veamos a continuación los tipos de familia que están componiendo la sociedad actual. Si usted amigo lector está leyendo este libro, no se sienta juzgado por el tipo de familia que tenga en el momento, al contrario es para exhortarlo a buscar en Jesús la respuesta para que juntamente con usted, vayan en busca del tipo de Familia que protege y envía personas aptas para ser generadoras de tejido social y familiar.

Las niñas y los niños necesitan vivir una infancia sana y feliz. La niñez es una de las etapas más importantes en la vida de las personas. Durante esta etapa se producirán muchos aprendizajes y adquisiciones que se serán las bases de su desarrollo futuro. El lugar donde los niños y niñas adquieren las bases, los conocimientos y herramientas de su desarrollo, es el micro contexto familiar, donde los vínculos con sus referentes les proporcionarán los nutrientes para su desarrollo espiritual, personal, social, afectivo y emocional.

Una pregunta que se hacen los padres y las madres, independientemente del tipo de familia que analicemos es: ¿Qué necesita mi hijo para crecer sano y feliz?

Pues aunque parezca una contradicción, no necesitan grandes cosas para crecer sanos y felices, por hacer una simplificación de sus necesidades sólo necesitan cuatro cosas, alimentación, techo, vestido y amor (pero el amor que nos refleja la Palabra de Dios, como única fuente de fe y conducta, porque el niño necesita percibir que es amado, porque si no su sistema de protección le pondrá en alerta, ya que "si no me quieren puede que mañana no me den alimento, ropa y vivienda" (esto no lo piensa el niño así, claro está, pero no pensarlo no significa que no tengamos instintos que nos protejan o pongan en alerta ante este tipo de situaciones), porque nuestro organismo responde de forma instintiva a situaciones donde se intuye un peligro por falta de alguna de nuestras necesidades básicas.

Está claro que los niños y niñas necesitan de más cosas para su correcto desarrollo, como tener un lugar y un ambiente adecuado donde desarrollarse, que les permita disponer de un espacio donde poder aprender y llegar a ser ellos mismos.

Es deber de los padres y madres ofrecerles un contexto donde su desarrollo sea óptimo y crezcan en un entorno feliz y lleno de posibilidades. Por lo tanto es necesario encontrar en las casas de todas las familias, de estos elementos, que como comentamos son imprescindibles para que estos niños y niñas crezcan saludablemente.

Los niños y niñas necesitan saber que son amados y respetados, tal y como acabamos de comentar.

Deben sentirse protegidos, la seguridad es necesaria para que sus instintos de defensa no estén constantemente activados, esto les permitirá desarrollar una correcta autoestima.

Adaptarnos a los tiempos de los niños, no todos son y se desarrollan igual, por lo que hay que respetar los tiempos y las características individuales.

Necesitan límites, es decir tener autoridad desde el cariño es imprescindible, deben tener unas pautas para saber cuándo hacen lo correcto, por lo que necesitan control.

Un entorno saludable, alegre, ya que esto les permitirá enfrentarse a la vida de forma constructiva y no pesimista.

Necesitan sentirse escuchados, que les miren a los ojos cuando se les habla, aunque sean tan pequeños que no entiendan lo que se les dice, porque hay un vínculo emocional donde ese lenguaje sí se entiende.

Armonía, tanto en la toma de decisiones como en las normas, es decir hay que ser constantes y no cambiar de opinión o de emoción cada dos por tres, los pequeños necesitan coherencia en las normas y constancia en las mismas.

Fomentar la creatividad y la imaginación, para ellos los juegos son fundamentales en su vida.

Y por último y no por ello menos importante, se les debe proporcionar a los niños y niñas una serie de valores, espirituales, que les permitan una conducta y su forma de vincularse y relacionarse con el mundo y con sus iguales.

Esta puedo decir que es la parte más importante en sus vidas, enseñarles la Palabra de Dios desde su infancia es muy importante, ya que crearan patrones de búsqueda constante del Creador.

Prov. 22:6 "Instruye al niño en su camino y aun de viejo no se apartara de él" Para tener más claridad acerca de este asunto es importante que regrese a las primeras páginas de este libro, donde hablo del rol o función del sacerdote.

FAMILIA MONOPARENTAL O DISFUNCIONAL

La familia monoparental es aquella donde impera o hace presencia continua una de las dos figuras paternas, ya sea por muerte o separación del otro padre o porque los hijos nacieron fuera del matrimonio.

¿SE IMAGINA el trabajo que le cuesta a una madre sacar adelante a sus hijos sin la ayuda de un esposo? Debe hacer malabarismos con su tiempo y sus energías para cumplir con una larga lista de responsabilidades: trabajar, atender la casa, hacer las compras, cocinar, y mucho más. Y claro, también hay que velar por la salud física y emocional de los niños, darles momentos de diversión y, si es posible, dedicarse tiempo a sí misma.

Las familias monoparentales están cada vez más presentes en la sociedad actual. Con todo, en muchos casos no reciben la ayuda que precisan. Cierta mujer tuvo que admitir: "No reparé en las madres solas hasta que me convertí en una". ¿Y nosotros? ¿Podríamos estar pasando por alto a las mujeres que crían solas a sus hijos? Veamos tres buenas razones para no olvidarnos de ellas.

Este tipo de disfuncionalidad frecuentemente lanza drogadictos a las calles, ya que precisamente los hijos crecen cojos emocionalmente por la falta de la presencia continua de uno de sus padres. Personalmente e lidiado por más de 12 años en la restauración de jóvenes con problemas del consumo de drogas y la mayoría, diría yo un 80% vienen con raíces de amargura, rechazo, tristeza profunda por no haber tenido la presencia de los dos padres. Necesitamos como iglesia preocuparnos por estos padres que se encuentran solos a la hora de criar a sus hijos. Encontré por la internet una manera bíblica de ayudar a disminuir el sufrimiento que causa esta disfuncionalidad en la familia. Ahora bien, ¿cómo podemos ofrecerles ayuda que resulte verdaderamente útil? Analicemos varias sugerencias.

Estemos atentos a sus necesidades

Tal vez lo primero que nos venga a la mente sea decir algo como: "¿Quieres que te ayude con alguna cosa?". Pero siendo realistas, ¿cuántas madres nos dirán abiertamente lo que les hace falta? Veamos que nos enseña la Palabra de Dios: Salmo 41:1.

Bienaventurado el que piensa en el pobre; En el día malo lo librará Jehová. El Salmista recomienda obrar con consideración; en efecto, hay que actuar. Según cierta obra de consulta, el verbo hebreo empleado en este versículo implica "un proceso de reflexión mediante una compleja serie de pensamientos que se traduce en un comportamiento acertado".

Por lo tanto, para encontrar la mejor forma de ayudar a las madres solas, primero tenemos que reflexionar con detenimiento en su situación. No podemos fijarnos únicamente en lo superficial; debemos ir más allá de lo obvio. Conviene preguntarse: "¿Qué necesitaría yo si estuviera en su lugar?". Claro está, muchas madres dirán que los únicos que pueden entenderlas son quienes están pasando por lo mismo que ellas. Y aunque no les falta razón, si nos esforzamos por comprenderlas, podremos ofrecerles ayuda muy valiosa.

Imitemos el ejemplo de Dios

Dios es el modelo perfecto que podemos imitar para ayudar a quienes se encuentran en esta complicada situación. La Biblia señala en repetidas ocasiones que él se preocupa profundamente por las viudas, los huérfanos y, en definitivo, por las madres solas. De hecho, nadie las cuida con tanta dedicación y cariño. Por tanto, analicemos cuatro formas prácticas en las que Dios atiende sus necesidades y veamos cómo imitarlo.

Ofrecerse a escuchar

En la Ley del antiguo Israel, Dios dijo respecto a las viudas y los huérfanos: "Sin falta oiré su clamor" Éxodo 22:22, 23. ¿Cómo podemos imitar ese interés? Recordemos que muchas de estas madres se enfrentan a menudo con la soledad, pues no tienen otro adulto al que confiarle sus sentimientos. Una mujer explica: "A veces, cuando mis hijos se acuestan, me siento tan terriblemente sola que no puedo parar de llorar". De modo que uno puede ofrecerse a escuchar —bajo circunstancias apropiadas— el "clamor" de estas madres. Sin duda, tener cerca a alguien con quien desahogarse les dará fuerzas para seguir adelante.

Brindar palabras de aliento

Por medio de su Espíritu Santo, el Señor hizo que algunos israelitas compusieran Salmos, es decir, canciones sagradas de alabanza a Dios. ¿Cómo se sentirían las viudas y los huérfanos al entonar las letras? Seguro que muy felices, pues estas les recordaban que el Señor era para ellos un "padre" y un "juez" que los protegería Salmo 68:5. Padre de huérfanos y defensor de viudas. Es Dios en su santa morada. Salmo 146:9. Jehová guarda a los extranjeros; Al huérfano y a la viuda sostiene, Y el camino de los impíos trastorna.

Nosotros también podemos brindar palabras de aliento a las madres solas, palabras que tal vez permanezcan años en su memoria. Así le sucedió a Ruth. Ella atesora unas palabras que le dirigió veinte años atrás un cristiano con mucha experiencia como padre. Él le dijo: "Sé que te estás desviviendo por criar a tus dos hijos. Vas bien, sigue así". Ruth cuenta: "De verdad me llegó al corazón que me dijera aquello". Y es que, como dice la Biblia, "las palabras que brindan consuelo son la mejor medicina" (Proverbios 15:4, Traducción en lenguaje actual). Así pues, ¿hay algo sincero y animador que podamos decirle a alguna madre que esté en esta situación?

Proporcionar ayuda material

Jehová también estableció en la Ley ciertas medidas que, sin atentar contra la dignidad de las viudas y los huérfanos, les permitían conseguir su propio alimento. Con estos preceptos, tales personas tendrían cubiertas sus necesidades básicas en todo momento Deuteronomio 24:19-21. Cuando siegues tu mies en tu campo, y olvides alguna gavilla en el campo, no volverás para recogerla; será para el extranjero, para el huérfano y para la viuda; para que te bendiga Jehová tu Dios en toda obra de tus manos. Cuando sacudas tus olivos, no recorrerás las ramas que hayas dejado tras de ti; serán para el extranjero, para el huérfano y para la viuda. Cuando vendimies tu viña, no rebuscarás tras de ti; será para el extranjero, para el huérfano y para la viuda.
Es adecuado, pues, que ofrezcamos ayuda material a las familias que la necesiten, siempre de forma discreta y preservando su dignidad. Por ejemplo, quizás sea posible llevarles alimentos a su casa, regalarles ropa en buen estado, o incluso ayudarles a adquirir alguna otra cosa que necesiten.

Incluir a estas familias en nuestras actividades

El Señor ordenó a los israelitas que incluyeran a las viudas y los huérfanos en sus fiestas anuales. La idea era que disfrutaran de la grata compañía de los demás siervos de Dios. De hecho, a cada uno de ellos le dijo: "Tienes que regocijarte"

En la actualidad, también se espera que los hijos de Dios "sean hospitalarios unos para con otros" 1 Pedro 4:9. Hospedaos los unos a los otros sin murmuraciones. ¿Por qué no invitar a comer a los miembros de alguna familia monoparental? No crea que hace falta preparar un banquete. Recuerde lo que dijo Jesús mientras estaba de visita en casa de unos amigos: "Son pocas [...] las cosas que se necesitan, o solo una"
Podemos hacer mucho bien

Las madres solas saben que criar a los hijos es responsabilidad suya, por lo que no esperan que nadie asuma sus obligaciones. De todos modos, no hay duda de que apreciarán muchísimo cualquier ayuda que podamos brindarles. Así lo expresó Kathleen, que crió sola a sus tres hijos: "No hay que esperar nada de los demás, pero sí agradecer de corazón lo que hacen por uno". Por lo tanto, proveámosle todo nuestro apoyo, pues el Señor ha prometido que nos "pagará esas buenas acciones" (Proverbios 19:17, Nueva Biblia al Día)[3]. Si siempre las tenemos presentes, tanto ellas como nosotros seremos más felices.[4]

---

[4] Apuntes tomados con el permiso de: Copyright© 2015 Watch Tower Bible and Tract Society of Pennsylvania. Todos los derechos reservados.

Aunque la Biblia no habla específicamente de las familias monoparentales, en ella sí aparecen con frecuencia las expresiones "viuda" y "huérfano de padre", de lo que se deduce que este tipo de familias eran muy comunes.

Isaías 1:17. Aprended a hacer el bien; buscad el juicio, restituid al agraviado, haced justicia al huérfano, amparad a la viuda.

FAMILIA AUTOCRÁTICA

Por algunos testimonios de hijos drogadictos, provenientes de hogares con características autoritarias, encontramos que su desarrollo emocional y afectivo era muy pobre, además, que en la toma de decisiones eran inseguros. Analizando el porqué de lo anterior, se puede confirmar que una persona desde muy temprana edad se encuentre sometida, al total autoritarismo, e implica asumir una posición pasiva respecto al que manda, anulando lógicamente la posibilidad de escoger y tomar decisiones propias y autónomas, siendo esta una posición relativamente cómoda, ya que no requiere que la persona adquiera el esfuerzo de tomar la responsabilidad que implica una decisión.

Personalmente conocí una historia de un padre autoritario que desde muy chico matriculo a su hijo en un colegio con régimen militar, a la edad de 15 años hallaron al joven consumiendo alcohol y drogas y desafortunadamente lo expulsaron de la institución, el padre lo ubico en otro colegio militar para que así terminara sus estudios y continuara con la carrera militar. Este joven se graduó por ventanilla por causa de su mal comportamiento, luego de ese suceso el padre lo envió a las filas del ejército para que prestara su servicio militar y continuara la mencionada carrera castrense – termino de prestar su servicio militar y ya no quería saber más del asunto, pero su padre continuaba presionándolo fuertemente para que continuara su carrera militar, tanto así que decidió viajar a otro país lejos de su padre, pero tristemente sumido en el alcohol, de nuevo regreso de nuevo a su país de origen y por si fuera poco su padre le siguió insistiendo en la carrera militar. Supe por rumores que el padre siempre quiso ser militar y no lo pudo lograr por una limitación física, pero quería que su hijo fuese lo que le nunca pudo realizar. En este momento él vive solo sin hijos, como tampoco una esposa. Esta es la triste realidad de muchos hogares donde la figura paterna decide que rumbo debe tomar la familia, sin darse cuenta el daño que le hacen a su familia. Este era el tipo de hogar antiguo donde la figura paterna decidía que carrera universitaria debían estudiar sus hijos y él era el único que daba las órdenes. Es imposible que una familia perdure con esta disfuncionalidad. Muchos drogadictos son los que he tenido que tratar provenientes de este tipo de familia... odia tanto a su padre, que les es difícil si quiera nombrarlos.

Efesios 6:4. No provoquéis a ira a vuestros hijos.

Para educar a los hijos entre la pubertad y la edad adulta se necesita toda la gracia y la sabiduría que se pueda imaginar. Sus esfuerzos por formarlos y su deseo de independencia - son un tira y afloja continuo que frustra a todos. El resultado depende en gran manera de cuál de los tres estilos de educación parental tome como ejemplo a seguir. Aunque todos los padres quieren lo mejor para sus hijos, algunas estrategias funcionan mejor que otras.

Algunos padres se imponen: **'Aquí mando yo y vosotros obedecéis; no me cuestionéis, simplemente haced lo que mando'**. Se les pide a los hijos que cumplan las normas establecidas en todo momento, que tengan respeto a la autoridad y a los valores tradicionales y se esfuercen en el trabajo. **'Aquí el único que opina soy yo. Las otras opiniones son consideradas como actos de rebeldía'**.

A los autoritarios no les gusta quedar mal delante de sus hijos, no se disculpan ni reconocen sus errores. Les gusta echar la culpa a otros, son legalistas y se permiten enjuiciar, avergonzar y humillar; esperan lo mejor de sus hijos pero sólo se fijan en lo peor. Al ser duro con ellos, provocan confrontaciones y luego les castigan con dureza y sin razón. A menudo usan las Escrituras para justificar sus actitudes. Consideremos los puntos válidos de este estilo de educación: las reglas están claras; se establece una cadena de autoridad; los hijos responden con prontitud; es efectiva con niños pequeños o niños inseguros y funciona bien en tiempos de crisis.

Consideremos los puntos negativos: inhibe el proceso de afirmación de identidad del niño; retrasa la comunicación madura; promueve la dependencia social y la incompetencia; no fomenta la iniciativa ni la toma de decisiones de parte del joven; incrementa la ansiedad y la depresión; aumenta las posibilidades de que los niños sean intimidados o acosados, etc. Aunque los autoritarios mantienen una disciplina militar en el hogar, raras veces producen niños felices, sanos y creativos. Muchos drogadictos que en este momento están en la habitabilidad de calle provienen de este tipo de familia.[5]

FAMILIA SOBREPROTECTORA

Es aquella en la cual los hijos son acostumbrados, desde muy temprana edad, a no realizar nada por sí mismos. Todo se lo resuelven en casa, ningún deseo por caprichoso que sea, deja de ser complacido.

---

[5] Devocionales Cristianos © Copyright 2015 | Diseño VissionWeb

Es clásico ver en familias de este tipo, madres que aun ven a sus hijos de 20 años como si fuera él bebe, que criaron a los 3 años.

La sobreprotección es la mejor manera de crear unos individuos faltos de carácter y unos enanos a nivel emocional y afectivo, convirtiéndolo en personas tiranas y egoístas, que quieren todo para sí mismos.

La Palabra de Dios es muy claro de las consecuencias de no amonestar a nuestros hijos y criarlos con la normas divinas veamos que nos enseña las escrituras. *1 Samuel 2:22. Pero Elí era muy viejo; y oía de todo lo que sus hijos hacían con todo Israel, y cómo dormían con las mujeres que velaban a la puerta del tabernáculo de reunión.* Vemos en Eli un prototipo de padre sobreprotector que no exhortaba a sus hijos del mal que hacían, era un sobreprotector por naturaleza y el precio a pagar fue la destrucción de su familia, al no quedar con hijos que le dieran continuidad a su legado.

Un porcentaje bastante alto diría yo, de drogadictos corresponde a individuos provenientes de este tipo de crianza y la razón es muy sencilla, ya que cuando una persona pierde la posibilidad de asumir respeto y aceptación ante sus semejantes, lo mismo que el hecho de no poder soportar la realidad cuando no le salen las cosas, como él quiere que salgan; la persona presenta un cuadro de frustración y sufre, no pudiendo darse cuenta que por haber sido malcriado, sus mecanismos emocionales compensatorios, permisores que una persona sea madura y capaz de enfrentarse a la realidad tal como le venga, no le funcionen, lo cual da como resultado, la ansiedad, el miedo, la inseguridad, terrenos propicios y favorables para germinar una drogodependencia. En conclusión, todo ser sobreprotegido en exceso, será buen candidato a la drogodependencia u otra adicción.

FAMILIA DE TIPO DEJAR HACER

Como su nombre lo indica, es el tipo de familia donde la figura rectora y reguladora del ambiente familiar no existe.

Como ejemplo visible existen familias en las cuales el padre se encuentra tan ocupado con su trabajo o negocios, que no dispone de tiempo para su esposa e hijos. Por otra parte, la madre vive tan absorbida por sus reuniones eclesiales y sociales con sus hermanos de fe y amigas o también en sus negocios, trabajo o con los compromisos en el club o la congregación, que le hacen imposible atender a sus hijos. Los hijos viven cada uno por su lado, con sus respectivos amigos; no son capaces de compartir momentos de esparcimiento con su familia.

La anterior radiografía, nos muestra un claro ejemplo en donde las relaciones familiares son totalmente nulas e improductivas, inclusive, ni a las horas de compartir los alimentos tienen tiempo de compartir sus vivencias. Como resultado de crianza de una familia de tipo "dejar hacer", tenemos el total abandono afectivo emocional de sus integrantes, Jamás van aprender a dar y recibir afecto; el sentido de la solidaridad será nulo y como consecuencia, producirán una serie de inconvenientes emocionales que favorecen el egoísmo y la incomprensión.

Es muy común en este tipo de familia la figura clásica del padre "proveedor", que argumenta: "En mi casa nada les falta a mis hijos y esposa, los complazco en todo lo que ellos quieran, es más, trabajo tan duro, que solo vivo para el bienestar de ellos y todo lo que necesitan.

Este padre de familia no se da cuenta que más que los aportes materiales, los hijos están pidiendo a gritos cariño, afecto, comprensión y una palabra de aliento. Lo mismo, por parte de la esposa ella también reclama el cariño de un compañero. En este tipo de familia la comunicación no existe, por consiguiente está destinado a la infidelidad, el caos y el fracaso afectivo. Muchos drogadictos que personalmente he tratado, provienen de este tipo de familia.

FAMILIA RECONSTITUIDA

Que tema tan delicado el de este tipo de familia a la hora de hablar de una restauración, primeramente veamos cuáles son sus características y luego entraremos en materia de restauración conforme lo enseña la Palabra de Dios como única fuente de autoridad y conducta.

La familia reconstituida es la formada por una pareja adulta en la que al menos uno de los cónyuges tiene un hijo de una relación anterior.

Esta definición también descarta modelos familiares en los que pueda haber hijos de varias relaciones, si no hay también dos adultos (como podría suceder en algunos casos de familias monoparentales).

Inquieto por presentar un buen material a la hora de restaurar la identidad en la familia del drogadicto, empecé a consultar la opinión de varios estudiosos sobre el tema y en mis investigaciones me encontré con este magistral estudio en una de las páginas de internet. *losnavegantes.net/familia/divorcio-y-nuevo-matrimonio/ del Dr. Samuel Clark.* Personalmente comparto este estudio obviamente respetando los conceptos dados en esta materia por otros exponentes de las escrituras por esta razón con el permiso del autor lo público.

El Divorcio y el Segundo Matrimonio – Samuel Clark

Ofrezco a mis hermanos de la comunidad mi estudio bíblico sobre el Divorcio y el Nuevo Matrimonio porque:

1) es un tema que nos inquieta por el número creciente de personas que están ante esta situación;

2) circulan varios libros que ofrecen su posición para cristianos modernos;

3) hay diferentes versiones sobre lo que este servidor cree, y quiero dejar bajo mi firma los resultados de un estudio largo y arduo.

Nunca he pasado tanto tiempo estudiando un tema. Afecta a muchos de mis hermanos queridos y ciento una grandes responsabilidades de comunicarles lo que he encontrado. Tuve que cambiar mi posición de polo a polo. Creía que debía de leer las obras de otros más sabios en vez de hacer mi propia investigación de las Escrituras. Pero llegó el día cuando ya no pude confiar en esos libros por ciertos errores que vi en su procedimiento: buscaban en las Escrituras una salida de circunstancias culturales en vez de encontrar primero lo que dice Dios y luego aplicar esa enseñanza a las situaciones difíciles de su cultura.

Decidí estudiar primero, frase por frase, palabra por palabra, las enseñanzas del Señor Jesucristo en los cuatro pasajes de los Evangelios, como base absoluta de la verdad. Descubrí que Él puso una norma para Sus discípulos que era mucho más alta y difícil de lo que Dios había permitido en el Antiguo Testamento. Nosotros somos del Nuevo Testamento y tenemos ventajas y bendiciones que aquellos no tuvieron, y hemos de presentar al mundo una manifestación mucho más exacta de la voluntad de Dios para el individuo, el matrimonio, el hogar y la Iglesia.

Luego busqué en las cartas de Pablo lo que las primeras iglesias creían y practicaban. Encontré que no hay diferencia entre los Evangelios y las Epístolas cuando uno no interpreta los pasajes de acuerdo con sus ideas preconcebidas. Dos Exhortaciones

Les exhorto a hacerse unas preguntas antes de leer mi estudio:
¿Es la Biblia la Palabra inspirada de Dios? (II Tim. 3:16,17)
¿Es Cristo Cabeza y Señor de Su Cuerpo y Reino? (Ef. 4:15; 5:23)
¿Es la voluntad de Dios la norma para el cristiano y la Iglesia? (Ef. 5:15-17)
Samuel Clark G. Maracaibo, Venezuela 15/XI/87
El Divorcio y el Segundo Matrimonio
Introducción

La gravedad del tema hoy en día, por la desintegración moral y espiritual del mundo moderno tan influenciado por la cultura poscristiana de los países occidentales, exige de los líderes cristianos una enseñanza clara para frenar entre nosotros el concepto mundano sobre el significado del matrimonio. Para esto necesitamos estudiar los pasajes que dan los principios bíblicos que nos hacen entender cuál es la voluntad de Dios en este campo. Vamos a verlos en su orden cronológico para no correr el riesgo de sacarlos de su contexto cultural y didáctico. Pido la atención que merece la Palabra de Dios sobre este tema importante, tanto para los que somos casados como los que contemplan el matrimonio. Trataré de aclarar dos preguntas: ¿Qué dicen las Escrituras? Y ¿Qué significan para nosotros? Reconozco que hay diferencias de opinión en la Iglesia, con famosos comentaristas en diferentes posiciones, y no quiero dar la impresión de que lo que digo es "toda la verdad", sino como yo lo veo, lo entiendo, y lo creo después de muchos años de estudiar el asunto y mucha lectura de estudios de otros. Como siempre, invito a todos a comentar, corregir o sugerir lo que creen es la interpretación más fiel al Espíritu que inspiró las Escrituras, nuestra única norma para la vida.

"También fue dicho: Cualquiera que repudie a su mujer, dele carta de divorcio. Pero Yo os digo que el que repudia a su mujer, a no ser por causa de fornicación[1], hace que ella adultere; y el que se casa con la repudiada comete adulterio."

Contexto

Está en la sección denominada el Sermón del Monte que no está incluida en el relato de Lucas 6 ni más tarde en Lucas 12, un sermón similar pero en Judea en vez de Galilea. Sin duda Cristo habló de este tema muchas veces debido a su importancia. No podemos saber a ciencia cierta si Mateo incluye esta sección aquí como ejemplo de los mensajes de enseñanza del Señor, o si es parte de aquel mensaje original en el segundo año de Su ministerio como instrucción básica para Sus discípulos recién nombrados (Lc.6:12-19ff).

Lo que sí es claro es que forma parte de una comparación entre la Ley de Moisés (la letra) y Sus normas (el espíritu original y verdadero de esas palabras) para todos los que quieren ser Sus discípulos. Después de comentar sobre la ira y el adulterio, habla sobre el divorcio. Es de importancia notar que Su norma sobre el adulterio incluye los pensamientos y la aplicación tan severa que Él nos manda. Muestra que ningún precio sería demasiado grande a la luz de la seriedad del asunto: o entrar a la vida como tuerto o manco, o perder todo el cuerpo en el infierno. Esto quiere decir que un discípulo de Cristo no vive ya como el resto del mundo, codiciando con los ojos, tirando piropos con la lengua, tocando con las manos. Aunque no es literalmente una cirugía, sí es una cirugía espiritual de una decisión moral que acepta identificarse con Cristo en Su muerte. De esta manera el cuerpo de pecado, que el viejo hombre usaba, es "desactivado" porque ha sido crucificado con Cristo. Esta es la realidad eterna que un cristiano puede experimentar por la fe. Pero tiene que querer (decidir) experimentarla, negarse a sí mismo y llevar su cruz cada día (Lucas 9:23). Así, no va a ser un adúltero sino un santo que participa de la naturaleza divina, "habiendo huido de la corrupción que hay en el mundo a causa de la concupiscencia" (II Pedro 1:4).

1Nota: "adulterio" no "fornicación" en v.27,28. Sólo los casados lo cometen.

Análisis de las palabras y frases claves

1. "Cualquiera que repudie a su mujer, dele carta de divorcio"

Cristo está citando Deuteronomio 24:1-4 solamente en cuanto a la interpretación de los rabinos en cuanto a la forma legal de obtener un divorcio: escribirle una carta, ponerla en su mano y expulsarla de su casa. El divorcio era común y fácil, aunque muchos rabinos no enseñaban que deberían divorciarse sino guardar el matrimonio sagrado. Lo que fue dado para proteger a la mujer fue usado muchas veces para abusar de ella.

Tenemos que establecer algunos hechos:

El divorcio era permitido en el Antiguo Testamento, pero también la poligamia, el concubinato, la esclavitud, etc. No es razón para tenerlo nosotros.

Era relativamente fácil de lograr: carta = algo escrito

Ambos podían casarse de nuevo legalmente (pero no juntarse los dos cónyuges originales jamás).

Aunque no era ni enseñado ni recomendado, era común y las razones llegaban a lo ridículo. "Me quemó mis huevos."

Repudiar es una palabra que aparece en Deu. 24. Quiere decir "desatar" y su implicación es un divorcio legal que separa lo que estaba unido. Se traduce otras veces despedir, soltar, despachar. Es la palabra que Mateo usa para describir lo que José iba a hacer cuando encontró que María, desposada con estaba encinta (Mateo 1:19). Pensaba "soltarla" secretamente para no avergonzarla (y mucho menos despreciarla). Esto muestra que la Ley de Deuteronomio no se aplicaba al pie de la letra en el tiempo de Jesús aun por los que eran "justos". La antigua Ley demandaba apedrearla.

2. "a no ser por causa de fornicación"

Esta es palabra que Cristo usó, no la de Deu. 24:1-4 ("cosa indecente"). Es un error volver a la Ley para ver las causas que los judíos permitían para divorcios. Jesús, como hizo con la ira y el adulterio, está dándonos una nueva norma como cristianos. El Señor no cambia la Ley sino le da su verdadero significado.

La pregunta es: ¿Qué entendían los judíos que querían ser Sus discípulos? Era a ellos (y a nosotros) que estaba hablando, no a los inconversos o a los religiosos con sus interpretaciones ridículas de la frase "cosa indecente". Naturalmente, la palabra fornicación tiene un trasfondo antiguo testamentario que es a la vez muy amplio y también técnico o específico. Hay un significado igual en el griego del Nuevo Testamento.

El A.T. usa la palabra ZAHAN para describir la prostitución (sexual y espiritual, a veces mezcladas en la idolatría de Canaán), el adulterio y el sexo prematrimonial (Gén.38:24; Ez.16:32ff; Os.3:1-3; Deu.22:13-22).

El N.T. usa la palabra PORNIA para describir el sexo ilícito y perverso como la prostitución (I Cor. 6:13- 18), el incesto (I Cor. 5:1), el sodomismo (Judas 7) en sentido espiritual que también podría ser sexual, la idolatría pagana (I Cor.10:8; Apoc.2:14,20,21; 14:8; Heb.2:16), y el sexo premarital (I Cor.7:2).

Su significado amplio es todo sexo que no es aceptado dentro del matrimonio como Dios lo ordenó. Su significado técnico moderno es el sexo premarital. No es posible asignarle el significado técnico de un solo tipo de pecado sexual por las siguientes razones lógicas, bíblicas e históricas:

No se usa así en las Escrituras, ni el A.T. ni el N.T.

Es una palabra elástica para dar más significado en un área que tiene muchas posibilidades.

En el N.T. siríaco (arameo) la palabra en este versículo es "adulterio", no fornicación.

Los llamados "padres" de la iglesia cristiana durante los primeros cinco siglos consideraban esta palabra en el sentido de infidelidad en el matrimonio (adulterio).

Está hablando de la causa de un divorcio y la unión con otra persona que no sea el cónyuge, efectivamente rompiendo la unión original por la unión con otro.

Aquí tenemos que ser fieles a la Palabra de Dios y no tratar de hacer una interpretación más fácil ni más difícil que la misma Palabra nos enseña.

Resumiendo hasta aquí, Cristo prohíbe el divorcio con una sola excepción, un pecado ilícito que de hecho ha roto la unión que representa el matrimonio, tanto en lo físico como en lo espiritual. En otras palabras, nadie tiene que seguir casado con uno que es infiel a sus votos y la realidad que Dios ha establecido. Es necesario para proteger al que sí quiere ser fiel de una infidelidad y rebeldía contra Dios.

3. "hace que ella adultere"

Esto quiere decir que al dejar a la mujer desprotegida y sin proveedor, si ella se une a otro, esa unión es adulterio porque sigue siendo la mujer de otro. El pecado de Herodes al tomar a Herodías por esposa fue reprendido por Juan Bautista. "No te es lícito tener la mujer de tu hermano." Basado en Lev.18:16 y 20:21, ese pecado fue incesto y prohibido como "cosa indecente" (la misma palabra de Deu.24:1 en Lev.18 se traduce "descubrir la desnudez"). Juan no usaba la nueva norma de Jesucristo sino la antigua de la Ley. Cristo afirma que la mujer que se casa, después de divorciarse, otra vez está adulterando. ¡Cuántas adúlteras hay en el mundo hoy! (Muchas ignorantemente, otras a sabiendas.)

4. "y el que se casa con la repudiada comete adulterio"

Quiere decir la repudiada que fue divorciada por cualquier causa. No puede casarse otra vez sin adulterar y hacer que su nuevo esposo adultere. Otra vez, es la norma de Cristo y no la de la Ley que permitía cuántos matrimonios que uno quisiera, inclusive al mismo tiempo (poligamia). Nosotros seguimos la ley de Cristo. No podemos usar las normas del mundo, la ley civil, ni del Antiguo Testamento sino la Palabra de nuestro Señor. ¡Cuántos adúlteros hay hoy en día!

Resumen

Siguiendo el significado claro y sencillo de este pasaje, vemos que el divorcio es permitido solamente por una causa, la fornicación (cualquier relación sexual ilícita) porque efectivamente rompe la unión con el cónyuge. También es claro que el nuevo matrimonio está prohibido, tanto para la mujer divorciada como para el hombre que quisiera casarse con ella.

Esta interpretación es correcta gramaticalmente porque la cláusula "por causa de fornicación" modifica el verbo "repudiar" y no "casarse". Históricamente es lo que la iglesia enseñó por cinco siglos y prohibieron un nuevo matrimonio. Sólo un maestro, que escribió entre 366-383 entendió este pasaje como un permiso para que la parte "inocente" se casara otra vez, que es un punto de vista moderno de comentaristas que no toman en consideración el significado histórico y gramatical.

Nota. No es posible siempre evitar el divorcio, pero el cristiano debe "aborrecerlo" como Dios mismo (Mal. 2:16) y tratar de evitarlo en todo lo que pueda. Nunca debe buscarlo a menos que haya otra relación sexual que ha tomado el lugar de la relación original y ha roto la unión que Dios había hecho, y finalmente no casarse de nuevo aunque la causa del divorcio haya sido aceptable ante Dios.

¿Por qué no puede la parte inocente casarse de nuevo? La gracia de Dios puede convertir o corregir al que fue infiel si hay paciencia, fe y amor en la persona ofendida. Dios puede hacer milagros en respuesta a la oración de uno que le obedece. Si se casa con otro(a), es definitivo y permanente, no hay esperanza de un arreglo. ¿Difícil? Sí. ¿Imposible? ¡No! ¡Cuánto podría hacer Dios si Sus hijos le obedecieran!

Lucas 16:18

"Todo el que repudia a su mujer y se casa con otra adultera; y el que se casa con la repudiada del marido adultera."

Contexto

Cristo anda en Perea, el territorio de Herodes. Es el último año de Su ministerio público en que ha tenido muchos choques con sacerdotes, escribas, fariseos y saduceos. Dedica más tiempo al entrenamiento de Sus doce apóstoles y de otros discípulos en los lugares donde ha ministrado. Le falta poco tiempo porque Su muerte se asoma en el horizonte. En un día cuando al enseñar a Sus discípulos (v.1) dirige unas palabras a los fariseos que estaban allí (v.14,15). Entre estas enseñanzas acerca de sus faltas e hipocresías, Jesús mete esta enseñanza sobre el divorcio.

Análisis de palabras y frases claves

"Todo el que repudia a su mujer"

Esta enseñanza es general. Empieza con la palabra "todo", literalmente "todo el mundo". El Señor no está hablando aquí del problema de la causa del divorcio como en Galilea, sino de los resultados de un divorcio, así que es para todo hombre.

"y se casa con otra, adultera" En Mateo 5 vimos que el casarse con una divorciada era cometer adulterio porque ella era de otro todavía. Aquí también el hombre divorciado que se casa con otra, comete adulterio. Esto pegó en el blanco en cuanto a Herodes y Herodías. Iba en contra de lo que Moisés había dicho. Notamos que no es el divorcio en sí que está en cuestión, pues, puede haber causa por él. Es el nuevo matrimonio que es adulterio porque son una carne todavía aunque están separados legalmente.

"El que se casa con la repudiada del marido adultera"

Es lo mismo que dijo en Mateo 6:32. Aquí tenemos que notar que Cristo hizo al hombre y a la mujer iguales en culpabilidad por casarse de nuevo.

Resumen

Aquí es claro que el casarse de nuevo después de divorciarse es un pecado contra el matrimonio. Es lo que la Biblia claramente llama adulterio. La razón porque no hay una cláusula de excepción como en Mateo, se debe a que Mateo estuvo allí y oyó esta excepción. Marcos y Lucas no la consideraban importantes porque no escribían principalmente a judíos. Esos tenían problemas con las causas aceptables de un divorcio legal por estar divididos en dos "escuelas rabínicas": el famoso Hillel fue muy liberal y aceptaba casi cualquier cosa que el hombre quería mencionar. Shammai era más conservador y sólo aceptaba la infidelidad moral pero todos los maestros de Israel permitían a los divorciados casarse de nuevo. Aquí es donde Jesús era diferente y puso una norma altísima para frenar el divorcio.

Mateo 19:9

"Cualquiera que repudia a su mujer, salvo por causa de fornicación y se casa con otra adultera, y el que se casa con la repudiada adultera."

Contexto

Se encuentra de nuevo en Perea, territorio de Herodes, quien posiblemente había oído lo que Cristo había dicho por un informe de Sus enemigos que planeaban Su muerte. Tal vez veían aquí una manera de librarse de este Mesías sin ensuciarse las manos. Es Su última jornada antes de dirigirse a Jerusalén donde iba a morir. Él no tiene temor alguno de decir la verdad acerca de los temas de importancia eterna. Los fariseos llegan con una pregunta para tentarle sobre la causa legítima para que el hombre pudiera divorciarse de su mujer, diciendo en términos del rabí Hillel "por cualquier causa". Así verían si El tomaría otra vez Su posición muy estricta como antes (tal vez hubo un espía de Herodes cerca). Jesús no cae en la trampa y contesta:

Volvió a la creación y la voluntad de Dios en cuanto al matrimonio como está expresado en Génesis 2:24.

Dijo que ya no son dos sino una carne y que lo que Dios juntó no debe ser separado por acto humano. Los fariseos objetan rápidamente y preguntan por qué Moisés había "mandado" dar carta de divorcio y divorciarse. Cristo contesta que fue por la dureza del corazón que lo había permitido, pero no fue así en el principio. Al volver al principio, a la creación, el que es el Creador y Señor de todo tiene todo el derecho de poner Sus normas como deberían de ser.

Análisis de palabras y frases claves

1. "Cualquiera que repudia a su mujer, salvo por causa de fornicación y se casa con otra adultera" No hay nada nuevo aquí si recordamos que la cláusula "salvo por causa de fornicación" modifica el verbo "repudiar" y no se relaciona con "casarse". Sigue diciendo como Mateo 5 que se puede divorciar sin cometer adulterio si es por una relación sexual ilícita que está causando el rompimiento de la unidad original.

2. "el que se casa con la repudiada adultera"

Es exactamente lo que había dicho antes. Si querían atraparle en una acusación de Herodes, ya lo lograron. Sí querían relacionarle con un rabí, no podían porque puso una norma diferente, la original.

Nota: La reacción de los apóstoles más tarde en casa fue de tanta sorpresa que dijeron que sería mejor no casarse. La respuesta de Cristo tiene que ver con la reacción de ellos. Les dice que el quedarse soltero no era para todos, que es un don de Dios para algunos.

Marcos 10:11,12

"Cualquiera que repudia a su mujer y se casa con otra comete adulterio contra ella, y si la mujer repudia a su marido y se casa con otro comete adulterio."

Contexto

Es un pasaje paralelo a Mateo 19, así que es igual lo que vimos en ese pasaje.

Análisis de palabras y frases claves

1. "Cualquiera que repudia a su mujer y se casa con otra comete adulterio contra ella"

Lo único nuevo aquí es "contra ella". ¿Quién es "ella"? Comete adulterio contra su esposa original porque todavía es una carne con ella. Comete adulterio con la nueva mujer porque está uniéndose a ella en vez de su esposa verdadera.

2. "y si la mujer repudia a su marido" No era posible para judías iniciar el proceso del divorcio pero cuando tenían la carta de divorcio bajo la Ley de Moisés podían casarse legalmente otra vez. Jesús pone otra norma para Su reino y no permite ni a la mujer ni al hombre casarse de nuevo, no importa quién sea la parte inocente.

Resumen

Mateo 19 y Marcos 10 afirman que es contra la voluntad de Dios casarse de nuevo después de divorciarse. El divorcio era permitido por la dureza del corazón y no porque era la voluntad de Dios. Lucas y Marcos, al no mencionar la cláusula de excepción, pudieran indicar que se puede divorciar por cualquier causa pero no casarse de nuevo. Mateo 5 y 19 aclaran esto, mostrando que sólo hay una causa aceptable para el divorcio: la fornicación. Lucas y Marcos hala del resultado de un divorcio: la prohibición de casarse de nuevo o de casarse con una persona divorciada por ser todavía una sola carne con su cónyuge original. Si esto parece estar fuera de la realidad moderna e imposible de practicar ahora, es porque nuestro mundo ha perdido su fundamento moral y espiritual, no porque estas enseñanzas son obsoletas. Tenemos que volver a las normas de Cristo y no cambiarlas a nuestra situación.

Romanos 7:2,3

"Porque la mujer casada está sujeta por la ley al marido mientras éste vive: pero si el marido muere, ella queda libre de la ley del marido. Así que, si en vida del marido se uniere a otro varón, será llamada adúltera; pero si su marido muriere, es libre de esa ley, de tal manera que si se uniere a otro marido, no será adúltera."

Contexto

Es muy importante notar que Pablo está usando el matrimonio como un ejemplo para aclarar la permanencia del señorío de la ley sobre el hombre mientras que él vive. Pero cuando morimos con Cristo mediante Su cuerpo en la cruz para pertenecer a Cristo y dar fruto para Dios, estamos libres de la Ley, no porque ella ha muerto sino porque aquel viejo hombre que éramos en Adán ha muerto. Ya somos nuevas criaturas en Cristo y como tal nos casamos con Cristo y El es nuestro nuevo Señor. Recordemos que la permanencia del matrimonio es una analogía para ilustrar esta verdad espiritual.

Análisis de palabras y frases claves

1. "Porque la mujer casada está sujeta por la ley al marido"

No hay ninguna duda de que todas las leyes apoyan al matrimonio, pero la ley de Dios aún más. Aquí la palabra clave es "casada". No toda mujer es sujeta a todo hombre (chauvinismo), sino la casada es sujeta a su marido. Claro está que esto toma en cuenta de que hay mujeres que se divorcian y legalmente no están sujetas a sus maridos, ni bajo la ley judía. Pero si entendemos el espíritu de las palabras el asunto es más serio. Pablo está afirmando que no hay libertad de aquel marido aunque la mujer se haya divorciado. Puede estar viviendo ella en otra casa, otra ciudad u otro país, pero debería estar con su marido. Ese es su lugar y no con otro, ni siquiera sola, separada de él. Claro que no siempre podemos hacer todo lo que debemos debido a las circunstancias reales de la situación donde dos personas rehúsan cumplir la voluntad de Dios. Que quede claro que el divorcio nunca es la voluntad de Dios, es sólo permitido cuando los corazones son demasiado duros para buscar Su solución. Malaquías 2:16 dice, "Porque Jehová Dios de Israel ha dicho que aborrece el repudio..."

"mientras este vive: pero si el marido muere, ella queda libre de la ley del marido"

De aquí se adquiere la frase en los votos matrimoniales "hasta que la muerte nos separe". No como un comentarista moderno chistoso lo expresara, "hasta que el divorcio nos separe". Aquí sería buen lugar para mostrar que una parte de los matrimonios civiles y religiosos es un compromiso formal de promesas que se hacen y se firman delante de testigos. ¡Bastante "legal"! La Biblia usa la palabra "pacto" en este mismo sentido, tanto para el hombre como para la mujer. "Jehová ha atestiguado entre ti y la mujer de tu juventud, contra la cual has sido desleal, siendo ella tu compañera, y la mujer de tu pacto" (Mal. 2:14). "Serás librado de la mujer extraña, de la ajena que halaga con sus palabras, la cual abandona al compañero de su juventud y se olvida del pacto de su Dios" (Pro. 2:13,14). Por esto el divorcio es un rompimiento de una promesa.

"Así que, si en vida del marido se uniere a otro varón, será llamada adúltera"

Con esto Pablo está en la misma posición de Cristo. Algunos dicen que este pasaje es ilustrativo y no normativo, que no lo podemos tomar como un mandamiento. Hay que recordar que toda la Escritura es útil para enseñar, redargüir, corregir e instruir en justicia. Lo que Pablo afirma como un hecho muestra la voluntad de Dios para el hombre, y tiene la misma fuerza que un mandamiento. Por esto, aunque no tuviéramos los pasajes claros de los Evangelios, aquí tendríamos un pasaje de peso para mostrarnos cómo dios considera a los divorciados que se casan otra vez. Adulterar es una palabra muy fea que quiere decir falsificar o cambiar la naturaleza de algo puro a un estado diferente. Es ser infiel a una relación permanente. Por eso nos es repugnante la palabra. Si tememos a Dios, vamos a aborrecer lo que El aborrece (Pro. 8:13).

"pero si su marido muriere, es libre de esa ley, de tal manera que si se uniere a otro marido, no será adúltera"

La única forma de no ser adúltero es no casarse después de un divorcio. ¿Por qué es tan estricto Dios en este caso? Porque el matrimonio es la relación básica de la cual todas las demás surgen en una sociedad. Si no hay por qué ser leal en la casa con la esposa, no hay ninguna razón por ser honesto, justo, leal o fiel en ninguna otra relación. Es sólo en los últimos años que el hombre occidental ha perdido casi completamente su concepto de lealtad en el matrimonio, y toda la sociedad se está desintegrando. La América Latina está copiando el estilo de vida y la filosofía decadente del Occidente. En unos años más habrá mayores desequilibrios sociales. No hay otra solución para nuestro mundo que volver a los valores y fundamentos de las Escrituras para rescatar al hogar de estos ataques de Satanás. No podemos regresar sólo a los preceptos más fáciles y menos duros o escandalosos para frenar nuestra desintegración.

Resumen

No hay ninguna base bíblica para defender el nuevo matrimonio después del divorcio. Cristo no dio permiso ni a la parte ofendida ni a la inocente, Pablo no recibió ninguna revelación al contrario. Combinado con las enseñanzas de los Evangelios, nos da una seguridad firme en la permanencia del matrimonio delante de Dios. No hay ningún indicio que Pablo estuviera enseñando algo para corregir una situación anormal en Roma. El matrimonio es uno de los temas regulares en sus cartas pero éste es el único pasaje en Romanos que toca el asunto. Más bien, parece ser solo una ilustración para probar su enseñanza sobre la necesidad de morir con Cristo al hombre viejo en todo.

I Corintios 7:10,11,15,39

"Pero los que están unidos en matrimonio, mando, no yo sino el Señor: Que la mujer no se separe del marido, y si se separa, quédese sin casar o reconcíliese con su marido; y que el marido no abandone a su mujer..." "Pero si el incrédulo se separa, sepárese; pues no está el hermano o la hermana sujeto a servidumbre en semejante caso, sino que a paz nos llamó Dios..." "La mujer casada está ligada por la ley mientras su marido vive, pero si su marido muriere, libre es para casarse con quien quiera, con tal que sea en el Señor."

Contexto

Hubo ciertos problemas en la iglesia de Corinto y Pablo comenta sobre varias cosas que ellos le habían comunicado. En este capítulo Pablo aborda varios temas relacionados con el matrimonio, aun la controversia sobre cuál es mejor: la vida en o fuera del matrimonio. Es importante para entender su argumento que, primero que todo, él cree que la vida de soltero es la mejor para el hombre. Pero por la tentación a fornicación que estaba alrededor de todos, el matrimonio era más seguro. Ese matrimonio debía de ser uno que cumplía con los deberes y llenaba las necesidades mutuamente de los cónyuges. Aunque él mismo era soltero o viudo y recomendaba esa condición, reconocía que se necesitaba el don de continencia para no estar quemándose con deseos sexuales todo el tiempo.

Además, trata el problema relativamente nuevo de algunos que se convertían al Señor pero encontraron en su cónyuge renuencia y oposición a esa decisión, al punto de abandonar o demandar que el cónyuge abandonara el hogar. ¿Qué haría la iglesia en ese ambiente en cuanto a su convicción sobre la permanencia del matrimonio? Esta era la pregunta que él contesta en los versículos que consideramos.

También enseña sobre la ventaja de quedarse como uno era cuando se convirtió en vez de tratar de cambiar su situación a una "mejor". La única excepción que dio fue la de la esclavitud, que sí era mejor conseguir la libertad si fuese ofrecida o posible. En este contexto habló de las vírgenes que podían dedicarse mucho mejor al Señor que las casadas, y que en realidad todos deberían de vivir más para el Señor. No dijo que es pecado casarse, pero que sí es congoja y preocupación que no tendrían si se dedicara sólo al servicio de dios. Su opinión franca es que el matrimonio es bueno pero no lo mejor si uno quiere dedicarse completamente al Señor.

Análisis de palabras y frases claves

1. "A los que están unidos en matrimonio, mando, no yo sino el Señor: Que la mujer no se separe del marido." Pablo tiene cuidado de decir lo que es un mandamiento de Cristo y lo que es su propia opinión y tenemos esta prueba que Jesucristo dio un mandamiento en contra del divorcio. No encontramos en los evangelios este mandamiento, a menos que sea los que hemos visto que prohíbe el divorcio con la única excepción en caso de fornicación. El espíritu de esos pasajes definitivamente prohíbe el divorcio "por cualquier causa". Aquí tenemos un mandamiento de por lo menos no iniciar un divorcio.

Probablemente se incluye una separación de cuerpos, porque no se usa la palabra repudiar sino separación que no necesariamente implica divorcio. En este contexto parece significar lo mismo.

2."y si se separa, quédese sin casar o reconcíliese con su marido"

El mandamiento es de no separarse, pero algunas se separan. Este es un punto importante en todo este estudio, la voluntad de Dios es nunca separarse, pero la realidad es que hay unas situaciones donde una separación parece ser la única solución para no ir a algo peor posiblemente. Es bueno recordar que Dios nos trata en la realidad. No pide más de lo que uno puede hacer y acepta algo menos de su voluntad cuando el corazón es perfecto y no quiere hacer algo que sería peor para todos. Así acepta que habrá separaciones pero pone una prohibición que sí pueden obedecer, no importa lo que haga el cónyuge. Eso es no casarse de nuevo o reconciliarse con su marido, volver a vivir juntos. Este es el argumento más fuerte para entender la palabra separación como algo que no es legal sino un acuerdo de no vivir juntos, pues, la reconciliación probablemente permitiría unirse de nuevo sin acción legal. Aparentemente estos mandamientos son para cristianos. Acepta el hecho de que puede haber problemas serios en un matrimonio cristiano. La palabra "separarse" en el N.T.: Mt.19:6; Mc.10:9,15; Hech.1:4; 18:1,2; Rom.8:35,39, I Cor.7:10,11,15; Filemón 15; Heb.7:26. Puede tener el significado de divorcio legal según el contexto.

3. "y que el marido no abandone a su mujer"

Este mandamiento es para creyentes para evitar que un cristiano inicie la acción de abandono de su cónyuge. Se usa en vs. 11,12 y 13. Es obvio que el cristiano es el único que puede responder a tal mandamiento porque quedarse con un cónyuge inconforme, inconverso o rebelde puede implicar peligro, sufrimiento y conflicto. Dios puede bendecir al cristiano que le obedece con protección, gracia, poder, etc., para cambiar esa situación, pero el que desobedece y sale de Su voluntad no puede contar con esa ayuda y bendición. Dios ha podido remendar unos matrimonios terribles con sólo un cristiano que obedece, que no busca separarse o divorciarse en una situación difícil. Si nunca pierde la esperanza, no abandonará a su cónyuge. Mucho depende de su fe en Dios.

4. "Pero si el incrédulo se separa, sepárese" Aquí puede significar divorcio porque la acción la está forzando el incrédulo. El mandamiento es dejar que se separe y en muchos casos esto implica llegar al divorcio porque no podemos evitar la acción legal de la otra parte. Este es el abandono del cristiano por parte del no cristiano únicamente. El cristiano está prohibido a abandonar a su cónyuge (a menos que sea por la causa ya vista en Mateo).

"pues no está el hermano o la hermana sujeto a servidumbre en semejante caso, sino que a paz nos llamó Dios" La clase de servidumbre o esclavitud que resulta de no dejar que el inconverso se vaya es la de estar viviendo en un infiernillo con alguien que hará muy difícil la vida del creyente. No veo cómo sería una esclavitud estar separado o divorciado sin casarse, a menos que las necesidades físicas y emocionales fueren tan grandes que atormentaban al que estaba esclavizado por este mandamiento de no casarse de nuevo. Así lo interpretan algunos modernos, pero no fue la práctica de la iglesia primitiva. No tomaban este mandamiento como una salida de la prohibición de casarse otra vez. La paz a que nos llamó es doble: paz con Dios y con los demás (evitar conflictos, argumentos, discusiones, etc.). La interpretación más obvia de este caso es el divorcio sin un nuevo matrimonio.

"La mujer casada está ligada por la ley mientras su marido vive, pero si su marido muriere, libre es para casarse con quien quiera, con tal que sea en el Señor."

Ese versículo no difiera mucho de Romanos 7:2,3 y subraya la permanencia del matrimonio mientras vivan los cónyuges. Está ligada a su esposo por la unión matrimonial expresada en Génesis 2:24: "dejar...unirse a...ser una sola carne". Aunque los hombres pueden desligarse legalmente, delante de Dios todavía están ligados hasta la muerte. Por esto Cristo dijo que lo que Dios ha unido que el hombre no lo separe. Sólo con la liberación de la muerte puede casarse con quien quiera, o elija. El matrimonio no es sólo asunto de lo que Dios quiere sino de lo que nosotros queremos. La única advertencia es que debe ser un cristiano para no tener problemas con los incrédulos sobre la fe y las decisiones del discipulado.

Resumen

I Corintios 7 no da un permiso claro para un segundo matrimonio después del divorcio o del abandono por parte de un incrédulo. Puede haber significados más profundos que los teólogos puedan sacar de estos pasajes para defender el divorcio y segundo matrimonio, Pero para un laico estudioso con las herramientas que tiene, es demasiado claro que Dios ha hablado para que no tengamos dudas sobre cuál sea Su voluntad. Pero sí, Pablo establece que una segunda causa por el divorcio es el abandono por un incrédulo sin que sea considerado adulterio.

Conclusiones de todos los pasajes

El Divorcio

1. Sus únicas causas aceptables (dada la dureza del corazón) a. Fornicación – cualquier estilo de vida sexualmente perversa que afecta la unión; normalmente interpretado como infidelidad matrimonial, en los pasajes de Mateo (no sólo una vez sino crónica). b. Abandono por razones religiosas de parte únicamente del incrédulo que se quiere separar.

Su resultado, de no ser por estas dos causas, es adulterio ("cambiar la pureza y las garantías de algo").

Dios aborrece el divorcio y los cristianos deberíamos tener pavor a lo que Dios odia tanto.

Este pasaje del A.T. es del mismo sentir que vemos en las palabras de Cristo.

El Segundo Matrimonio

1. Sólo en caso de la muerte de uno de los cónyuges puede un casado "casarse de nuevo" porque siempre es una sola carne (vida total) con el otro cónyuge.

2. De hacerlo es adulterio: a. para el que se casa de nuevo, sea hombre o mujer b. para la persona con quien se casa, sea hombre o mujer.

3. El haberlo hecho antes de creer en Cristo no deshace lo que uno es (casados siguen siendo casados como chinos siguen siendo chinos y esclavos siguen siendo esclavos). Aunque somos nuevas criaturas espiritualmente, traemos las mismas cosas viejas en nuestra carne, y no permite Dios un 2, 3 y 4 matrimonio sólo porque se convierte a Cristo.

4. La razón práctica para no casarse de nuevo, ni salir con otro después del divorcio, es para dejar abierta la puerta para una reconciliación y renovación espiritual para volver a ser lo que Dios quiso, porque la duración del matrimonio es hasta la muerte de uno de los cónyuges (no admite "incapacidad", "locura", "no te amo", "amor a otro", "incompatibilidad", etc.).

5. Hay un caso no mencionado en el N.T. que quisiera comentar, el de un cónyuge que al divorciarse se vuelve a casar, cometiendo adulterio. Puesto que no hay posibilidad de volver a casarse con su cónyuge original ya es una carne con otro(a), ¿qué puede hacer el cónyuge original en tal caso? Algunos piensan es equivalente a la muerte para el que haya sido unido a otro(a) y que debe prevalecer la misericordia divina para permitir al abandonado casarse de nuevo con un creyente dispuesto a ser un cónyuge fiel. No hay base bíblica para apoyar esta opinión pero a mí me parece el arreglo más justo.

El Divorcio y sus Resultados

Introducción

Una vez que sepamos la voluntad de Dios en un área, la debemos de enseñar como la verdad fielmente, sin parcialidad ni perjuicio. Muchos errores pudieron haberse evitado si hubiéramos estudiado las Escrituras acerca del divorcio y el segundo matrimonio desde hace años. ¿Cuáles son los resultados del divorcio? ¿Cómo vamos a ayudar a los que han sido divorciados y a los que se han casado otra vez, a aplicar estas enseñanzas? Este es el estudio que ahora nos urge hacer.

Las Cicatrices del Divorcio

Cuando dos han llegado a ser una sola carne y se separan, tiene que haber "tejido espiritual" lastimado. Esto produce grandes cicatrices dolorosas en esas áreas tiernas que por el resto de la vida causarán dolor cada vez que se tocan. Ver al ex-cónyuge, pensar en él, estar con amigos mutuos, y si hay niños, sus preguntas o deseos de estar con su padre, etc., son experiencias que duelen mucho especialmente en los primeros años. Uno quisiera evitar estos dolores, pero es parte del plan de Dios expresado en Gálatas 6:7: "Dios no puede ser burlado: pues todo lo que el hombre sembrare, eso también lo segará." Algunos de estos frutos son:

Pérdida del auto imagen

El amor a sí mismo recibe un terrible golpe con un problema de esta naturaleza y toda clase de dudas sobre sí mismo suelen surgir. Hay un temor de no poder lograr una buena relación con otros después de un fracaso matrimonial que siempre tiene sus dos lados con culpabilidad compartida.

Incapacidad de amar a otra persona con toda la sencillez y sinceridad de la primera vez.

Es por esto que un gran porcentaje de segundos matrimonios no duran mucho tiempo.

Una lucha constante con los que creen que el divorciado es una presa fácil para relaciones sexuales "libres". La opinión de muchos sobre los divorciados es que están buscando otro enlace para satisfacer sus necesidades fisiológicas despertadas por el matrimonio. Llegan a ser el blanco de los que buscan una relación fácil pero no un compromiso serio.

Relaciones presionadas con los casados. Nunca entra fácilmente en una actividad con parejas, y cae en la necesidad de salir con solteros para cualquier diversión o paseo. Esto es mal interpretado por muchos. Es un círculo vicioso.

Si hay niños es un sufrimiento tremendo para ellos y el padre separado. Las malas relaciones entre los padres pueden herir tan profundamente que un niño se trastorne. Muchos homosexuales, drogadictos y alcohólicos proceden de hogares rotos por el divorcio. En un segundo matrimonio los niños de las dos familias suelen entrar en conflicto.

Los familiares tienen su parte de sufrimiento también y es un fruto que tiende a reproducirse. Una vez que empiezan los divorcios en una familia, fácilmente se multiplican si no hay una resistencia fuerte.

Implica compromisos económicos que van a limitar la contribución que uno pueda hacer.

Consecuencias Espirituales del Divorcio

La vida espiritual sufre con los golpes de la vida. Para los no cristianos puede haber poca conciencia de pecado pero inconscientemente casi todos sufren una crisis de culpabilidad. Esto se manifiesta en una búsqueda de Dios, a veces mediante los consejos de un ministro cristiano o la asistencia a los cultos. Para el cristiano, sin embargo, es una crisis mucho más difícil porque probablemente sabe las altas normas de Dios. Algunos problemas comunes son:

Culpabilidad que no parece borrarse con sólo la confesión y el arrepentimiento. Muchas veces confunde su estado de ánimo con su posición en Cristo y se siente mal con Dios. Debemos ayudar a los divorciados cristianos a identificar todos sus pecados y fallas en la relación que fracasó, y a confesarlos al Señor para recibir Su perdón y limpieza (I Juan 1:9) y comunión.

Pérdida de autoridad en el testimonio a inconversos. Muchas veces los divorciados se sienten incapaces de hablar de Cristo y su victoria porque ellos fracasaron. Podemos ayudarles a aprender a usar su mismo fracaso como un punto de partida para mostrar la misericordia de Dios (I Tim.1.15) y amonestar a todos a hacer lo mismo.

Dificultad en ser constantes en el compañerismo con otros cristianos porque hay pocos divorciados que le entienden, y con quienes puede compartir abiertamente. Se complica la comunión en todo sentido y es fácil dejar de luchar para conseguir la victoria.

Con esto se le cierran muchas puertas de servicio en la obra del señor. Aunque como cristiano se recibe como hermano igual a cualquier otro, para ser siervo de Dios se requiere un ejemplo de todo lo que predica. El servicio es por Su misericordia (II Cor. 4:1) pero no por esto se acepta a cualquier persona. Tendrá que ser por circunstancias muy especiales que se podría funcionar como líder de la grey del señor, que ha expresado Su desagrado y odio del divorcio (Mal. 2:16).

El menosprecio del nombre de Dios que resulta en los inconversos alejados de la salvación. El concepto de Dios, su unidad como la Trinidad, Su relación con Su pueblo, etc. Afecta muy negativamente el concepto de Dios en la mente de los niños.

Otros Problemas Relacionados con el Divorcio

Siempre que tenemos una doctrina muy cómodamente explicada, esperamos ver cuán difícil es la aplicación de esa doctrina en sus muchas facetas. Aquí es donde necesitamos una fuerte dosis de la gracia de Dios para llevar a carne y hueso las altas normas de Dios. Hay que recordar que Dios nunca manda algo que no sea perfecto, nunca busca lo menos mal para Su pueblo. Tenemos que aprender de Su gracia, y cómo El trata a los que no alcanzan la perfección que El ordena, las excepciones que permite, y lo mucho que El aguanta en todos nosotros para Su servicio. Aquí debemos considerar algunos casos y cómo la Palabra nos dirige en nuestra aplicación de esta doctrina. Siguen unas ideas personales como posibles aplicaciones.

Cuando el divorcio sucedió antes de ser cristiano.

Es un problema creciente con el incremento del número de divorciados y el evangelismo de nuevos. ¿Cuál es el mensaje a estos desafortunados víctimas de su estado perdido? El mensaje tiene que ser claro:

Su divorcio es un pecado contra Dios y los demás que debe ser enfrentado valientemente, confesándolo y creyendo en el perdón de Cristo (I Juan 1:9 – 2:3; I Cor. 6:9-11).

Si es posible, encontrar al ex-cónyuge y presentarle el mensaje de Cristo, mostrándole el cambio que Cristo está haciendo en el recién convertido para buscar una reconciliación completa. Esto implica que haya un perdón sincero del otro por parte del creyente, y un deseo de ganarlo para Cristo (I Cor. 7:16), no importando cuánto le cueste. En muchos casos ha habido tanto daño que es difícil aun verse, pero la Palabra puede cambiar a cualquier. Es una prueba dura del discipulado (Lc. 14:26).

Si no es posible una reconciliación, resignarse a quedarse sin casar hasta la muerte del cónyuge. Esto es muy difícil, pero la gracia de Dios basta para cualquier espina en la carne que el diablo manda al discípulo que quiere obedecer a Cristo (I Cor. 7:17).

No aceptar altos cargos públicos en la obra del Señor para no dar al enemigo lugar para acusar a los siervos de Dios. Él debe ser ejemplo en todo (Tito 2:7,8).

Usar su testimonio para amonestar a solteros a tener mucho cuidado en el noviazgo y compromiso, y a estar seguros de que estén de acuerdo y bien enyugados antes de casarse (II Cor. 6:14). También es el indicado para ayudar con su testimonio a las parejas que están teniendo problemas serios en su matrimonio (Mal. 2:14-16).

Los que se divorciaron y se casaron otra vez antes de ser cristianos.

Es una situación incorregible en cuanto a la perfecta voluntad de Dios, pero podemos sacar unas enseñanzas de la Palabra.

Lo mismo que el que no se casó pero con un pecado más que confesar, el divorcio que Dios aborrece y el adulterio que ha prometido juzgar (I Juan 1:9; I Cor. 6:9-11).

Quedarse casados con el presente cónyuge y no tratar de volver a la primera relación aunque fuera posible. Dos males no harán un bien (I Cor. 7:17).

Rehusar altos cargos públicos en la obra para no ser un mal ejemplo de la doctrina (Tito 2:7,8; 1:6; I Tim. 3:2).

Usar su testimonio para amonestar a jóvenes y enseñar a los que están en peligro de naufragarse también (II Cor. 6:14; Gál. 2:14-16; I Tim. 1:15).

Los que se casaron con un divorciado antes de ser cristiano. Tienen que confesar que son adúlteros y recibir el perdón y la limpieza para tener comunión con Dios (I Juan 1:9; I Cor. 6:9-11).

Quedarse como son (I Cor. 7:17). Rehusar altos cargos públicos (Tito 2:7,8).Los cristianos que se divorcian por cualquier causa, menos la fornicación o el abandono de parte de un incrédulo. Es considerado adulterio por ser una infidelidad a la relación pura de ser una sola carne hasta que la muerte los separa.

Deberían de confesar su pecado y tratar de reconciliarse, buscando los consejos pastorales y/o profesionales para empezar a rectificar las cosas que condujeron al divorcio (Ef. 5:18 – 6:4). Con esto estarán en plena comunión con el Señor otra vez. Si no están dispuestos a hacer esto, deben ser exhortados/enseñados en sus deberes, y si no cumplen entonces tendrán que ser disciplinados (I Cor. 5:1-10).

Deberían de buscar la ayuda de otros cristianos para fortalecer la vida espiritual para vencer en

Cristo todos los obstáculos, heridas, falta de ganas, etc., que van a experimentar después de "desenamorarse" (Fil. 2:12,13; 4:13).Los cristianos que se divorcian por las dos causas aceptables. se consideran adúlteros y están en comunión con el Señor y Su Cuerpo.

Quedarse sin casar (I Cor. 7:10,15,17).

Buscar la salvación del incrédulo que lo divorció y si es posible reconciliarse cuando se convierte (II Cor. 6:14).

Usar su testimonio para ayudar a jóvenes a no casarse con incrédulos y los que están teniendo problema con un cónyuge incrédulo. Los cristianos que se casan con un divorciado por cualquier causa. Es adúltero y hace que el otro adultera.

Debería llegar a admitir que ha sido rebelde y pedir perdón para tener comunión con Dios y la iglesia (I Juan 1:9).

2. Aceptar la disciplina de Dios humildemente y de la iglesia también para poder participar con los hermanos (II Cor. 2:5-11).

3. No debe aceptar cargos públicos de liderazgo en la obra del Señor (Tito 2:7,8).

Resumen

Si enseñáramos estas consecuencias y soluciones bíblicas regularmente, especialmente a jóvenes antes de casarse y a parejas recién convertidas al Señor, no tendríamos tantas tragedias de esta naturaleza. Tenemos que ir en contra de la corriente del mundo y no tener miedo de enfrentar estas situaciones con la Palabra de Dios. Sólo vamos a tener peores problemas si callamos las claras enseñanzas de la Biblia hasta que haya un problema abierto que tratar. La ignorancia de la Palabra fomenta conducta anormal. La enseñanza sana produce vidas santas y salvas matrimonios al borde de la desgracia.

La Gracia de Dios

Es imprescindible recordar que todos somos salvos por la gracia y no porque merecemos la salvación (Ef. 2:8-10). Todos tenemos que acercarnos al Trono de Gracia para recibir misericordia (por lo que hemos hecho mal) y gracia (para lo que no podemos hacer bien) todos los días (Heb. 4:16). Nadie es perfecto. Todos ofendemos muchas veces (Stgo. 3:2). Todos somos una bola de pecadores perdonados desde el día de nuestra salvación (I Cor. 6:9-11) hasta la fecha (I Juan 1:7 – 2:2). Por tanto, no podemos reclamar una perfección aparte de la que Dios nos imputa o nos cuenta por medio de nuestra fe en Cristo Jesús (Rom. 4:5-8).

Esta verdad requiere que no apliquemos nuestro conocimiento y entendimiento de la voluntad de Dios como una ley eclesiástica que toma el lugar de

Cristo y Su gracia. La ley de Cristo es el amor (Juan 13:34,35; I Juan 2:7-11; I Cor. 9:21) y no la perfección en cada punto de un código moral. Cuando aplicamos estas verdades, debe ser con humildad, lágrimas, temor y compasión, no con dureza puritánica que muchas veces tiene más interés en su propia pureza que en la situación espiritual de la gente con problemas.

Recordemos que Dios aceptó a Tamar (una fornicaria), Rahab (una ramera), Rut (una moabita proscrita para todo tiempo de ser parte del pueblo de Dios) y Betsabé (una adúltera con David) en el linaje de Su Hijo Jesús para mostrarnos Su gracia y misericordia con los hombres. En el ministerio de Jesús encontramos a una mujer samaritana (adúltera), una ramera y una adúltera siendo perdonadas por Cristo. Cuidémonos de una interpretación demasiado suave y permisiva de estos pasajes, como de una aplicación demasiado dura y legalista que ni Dios mismo ha hecho a través de los siglos de historia sagrada.

Aceptemos que hay circunstancias que deberían de afectar nuestra aplicación de estas verdades, tales como:

Verdadero arrepentimiento y confesión de parte de los que han pecado contra las normas divinas.

Suficiente tiempo para ver la sinceridad y fidelidad en la corrección de faltas, y búsqueda de la gloria de Dios.

El hecho de que el pecado fue cometido antes de la conversión o cuando eran muy niños en la fe.

El sello de Dios sobre su nuevo hogar por un período de años para estar seguro de que hay nuevos patrones de conducta y relaciones.

Fruto en su testimonio y otros esfuerzos para servir a Dios en la obra del discipulado.

Si todas estas condiciones existen, puede ser que la gracia y la misericordia de Dios abriría la puerta para el servicio más público. Si ha habido enseñanza para aclarar lo que es la voluntad de Dios, puede haber suficiente madurez para poder aceptar a uno que Dios ha tomado del basurero para rehacerle poco a poco en un siervo fiel.

Mi opinión es que debemos mostrar mucha gracia para recibir a plena comunión a los arrepentidos, pero esperar mucho para aceptarlos como obreros públicos.

El resultado de esta enseñanza, si fuera creída y obedecida en el cristianismo, sería:

Poquísimos divorcios – todos tratarían de resolver sus diferencias, perdonar las faltas, y buscar la gracia de Dios para poner su matrimonio en orden.

Más cuidado en el noviazgo para no casarse con un incrédulo o con alguien de poca fidelidad y confianza.

Y esto es el único propósito que tengo al compartir este estudio personal: un resultado bueno que nos ayude a buscar cada vez más obediencia a nuestro Señor y Salvador Jesucristo.[6]

FAMILIA HOMOPARENTAL

Una familia homoparental está compuesta por dos personas del mismo género. Pueden ser dos mujeres o dos hombres. Este tipo de relación, la palabra de Dios lo prohíbe rotundamente y es muy nocivo a la hora de criar a los hijos, pues los niños o niñas tendrán problemas de identidad a lo largo de su desarrollo personal llegando hacer victimas del bulliyng y de esta manera estar expuestos a la depresión y por consiguiente al consumo de drogas.

Dios creó al hombre y la mujer, y él estableció que las relaciones sexuales solo deben tener lugar entre esposo y esposa. Génesis 1:27-28. Y creó Dios al hombre a su imagen, a imagen de Dios lo creó; varón y hembra los creó. Y los bendijo Dios, y les dijo: Fructificad y multiplicaos; llenad la tierra, y sojuzgadla, y señoread en los peces del mar, en las aves de los cielos, y en todas las bestias que se

---

[6] Un estudio realizado por: www.LosNavegantes.net - Samuel Clark G. Maracaibo, Venezuela 15/XI/87 El Divorcio y el Segundo Matrimonio.

mueven sobre la tierra. Proverbios 5:18-19. Sea bendito tu manantial, Y alégrate con la mujer de tu juventud, Como cierva amada y graciosa gacela. Sus caricias te satisfagan en todo tiempo, Y en su amor recréate siempre.

Así pues, las relaciones sexuales entre personas del mismo sexo o entre un hombre y una mujer que no sean esposos están prohibidas por Dios. 1 Corintios 6:18. Huid de la fornicación. Cualquier otro pecado que el hombre cometa, está fuera del cuerpo; más el que fornica, contra su propio cuerpo peca. Dicha prohibición abarca el sexo oral y anal, así como masturbar a otra persona. Vemos que son prácticas normales en una relación homosexual y de hecho creería que tales conductas serian llevadas a la relación homoparental.

Ahora bien, aunque la Biblia desaprueba los actos homosexuales, también desaprueba la homofobia es decir, el odio a los homosexuales, pues nos da este mandato: "Respeten a todos" 1 Pedro 2:17, Nueva Traducción Viviente.[7]

¿Puede alguien nacer homosexual?

La Biblia indica que todos nacemos con la tendencia a ir en contra de los mandamientos de Dios. Romanos 7:21-25. Sí que, queriendo yo hacer el bien, hallo esta ley: que el mal está en mí. 22

---

[7] 1 Pedro 2:17, Nueva Traducción Viviente.

Porque según el hombre interior, me deleito en la ley de Dios; pero veo otra ley en mis miembros, que se rebela contra la ley de mi mente, y que me lleva cautivo a la ley del pecado que está en mis miembros. ! Miserable de mí! ¿Quién me librará de este cuerpo de muerte? Gracias doy a Dios, por Jesucristo Señor nuestro. Así que, yo mismo con la mente sirvo a la ley de Dios, mas con la carne a la ley del pecado. Sin embargo, no dice nada específico sobre la genética de la homosexualidad ni sobre la causa de los deseos homosexuales. Lo que sí dice es que Dios condena los actos homosexuales, es decir, llevar a cabo dichos deseos.

¿Se puede complacer a Dios pese a tener impulsos homosexuales?

La Biblia dice: "Den muerte a todos sus malos deseos; no tengan relaciones sexuales prohibidas [...], dominen sus malos deseos" (Colosenses 3:5, Traducción en lenguaje actual).[8] Para dar muerte a los malos deseos, que pueden dar lugar a faltas graves, hay que aprender a dominar los pensamientos y llenar la mente de enseñanzas sanas, buenos hábitos que nos ayuden a combatir esos deseos. Filipenses 4:8. Por lo demás, hermanos, todo lo que es verdadero, todo lo honesto, todo lo justo, todo lo puro, todo lo amable,

---

[8] Colosenses 3:5, Traducción en lenguaje actual

todo lo que es de buen nombre; si hay virtud alguna, si algo digno de alabanza, en esto pensad. Santiago 1:14-15. Sino que cada uno es tentado, cuando de su propia concupiscencia es atraído y seducido.15 Entonces la concupiscencia, después que ha concebido, da a luz el pecado; y el pecado, siendo consumado, da a luz la muerte. Tal vez sea muy difícil lograrlo al principio, pero con el tiempo va haciéndose más y más fácil. Dios promete ayudarnos a conseguirlo. Según la Biblia, podemos. Efesios 4:22-24. En cuanto a la pasada manera de vivir, despojaos del viejo hombre, que está viciado conforme a los deseos engañosos, 23 y renovaos en el espíritu de vuestra mente, 24 y vestíos del nuevo hombre, creado según Dios en la justicia y santidad de la verdad. "ser hechos nuevos en la fuerza que impulsa [nuestra] mente"

Cabe mencionar que quienes tienen deseos homosexuales no son los únicos que deben luchar contra sus impulsos. Millones de personas tienen que dominar sus deseos a fin de agradar a Dios. Entre ellas se cuentan hombres y mujeres solteros cuyas circunstancias tal vez les impidan casarse, así como quienes están casados con alguien incapaz de tener relaciones sexuales. Todos ellos tienen que controlar sus impulsos y resistir las tentaciones. Y sin embargo, son felices. Igualmente, quienes tienen inclinaciones homosexuales pero de veras desean agradar a Dios también pueden ejercer autodominio y ser felices. Deuteronomio 30:19. A los cielos y a la tierra llamo por testigos hoy contra vosotros, que os he puesto delante la vida y la muerte, la bendición y la maldición; escoge, pues, la vida, para que vivas tú y tu descendencia.

Dejando a tras el análisis de familias propensas a dar hijos con problemas de drogadicción u otras adicciones en la juventud, es bueno que también miremos el tipo de familia favorable en estos últimos tiempos, para crear personas saludables mental y emocionalmente; generadoras de tejido familiar y social.

FAMILIA DEMOCRÁTICA O SALUDABLE

Representa el tipo de familia donde existe una participación dinámica y activa, por parte de todos sus integrantes. Se favorece la creatividad y el sentido de proyección de la persona. Los une un sentido dirigido a compartir y no a competir.

En el compartir pensamientos y sentimientos, se encuentra la clave de unas relaciones humanas saludables. En la familia democrática, la búsqueda de Dios, la sinceridad marca la pauta, conllevando a un ambiente de confianza y solidaridad. En este tipo de familia, el padre y la madre forman el criterio y el carácter de los hijos de una manera sabia, para que esta personita pueda interactuar sabia y respetuosamente ante la sociedad.

Resulta de vital importancia en el tratamiento de problemas de la juventud (drogadicción, rebeldía, homosexualismo, etc.), restablecer de una manera bíblica el núcleo familiar, que por lo general, se encuentra totalmente destruido por la angustia y la ansiedad que generan este tipo de problemas. La solución es dar pautas, que permitan restaurar el respeto mutuo, lo mismo que la comprensión y la tolerancia recíproca. Para ello es necesario que todos los componentes que edifican la familia, den lo mejor de sí mismos, mirándose sus cualidades y potencialidades sin ser cazadores de errores. Si la familia no cambia de actitud y busca de corazón a Jesucristo, el individuo no podrá llevar una vida llena de ética y valores como se debiera ser esperado. A modo de conclusión. Teniendo en cuenta el análisis familiar, es factible deducir, cuán importante resulta la relación de padres e hijos. De ella depende fundamentalmente el futuro desenvolvimiento del adolescente, que entra de lleno en contacto con la sociedad. Vivimos en un tiempo donde la autoridad en la familia ya no predomina. Se han olvidado los buenos modales. La rebeldía y la falta de respeto cada vez van en aumento debido al bombardeo diario a través de los medios de comunicación y las redes sociales. La voz de los padres ya no es escuchada en muchos hogares. Los profesores en las instituciones educativas con angustia dicen que ya no tienen autoridad sobre sus alumnos. Los ancianos ya nos son tratados con respeto. El marido tal parece que ha dejado de ser cabeza de la mujer. Tal parece que desde el más joven hasta el más adulto se han vuelto respondones y buscadores de problemas. Sin embargo, Dios quiere tomar a estas personas difíciles y transformarlas en la clase de individuo que él quiere y por la cual envió a Su hijo Jesucristo.

Dios quiere cambiar a la familia para que se la clase de familia que el anhela. Y para esto ha dejado un modelo, un plan a seguir para la familia. Por eso hablaremos del plan de Dios para la familia.

El plan de Dios para la familia debe ser aplicado antes que enseñado.

Moisés enseño: Deuteronomio 6:4-6. Oye, Israel: Jehová nuestro Dios, Jehová uno es. Y amarás a Jehová tú Dios de todo tu corazón, y de toda tu alma, y con todas tus fuerzas. Y estas palabras que yo te mando hoy, estarán sobre tu corazón; y las repetirás a tus hijos, y hablarás de ellas estando en tu casa, y andando por el camino, y al acostarte, y cuando te levantes. Y las atarás como una señal en tu mano, y estarán como frontales entre tus ojos; y las escribirás en los postes de tu casa, y en tus puertas. Y estas palabras que yo te mando hoy, estarán sobre tu corazón.

A. Porque la mejor enseñanza se imparte con el ejemplo

Es interesante notar el paso de lo general (oye Israel) en el verso 4, a lo particular (tu corazón) del verso 6. Moisés no específica quien de los padres cuando dice: "estarán sobre tu corazón" Por tanto, puede ser cualquiera de los dos. La Biblia deja en claro que los padres no pueden enseñar algo con palabras y negarlo con ejemplo. Es por eso que dice que estarán primero sobre nuestros corazones para poder después enseñarlo. Es decir, que antes de repetirlo hay que vivirlo. Para que la Palabra de Dios sea parte de la vida de mi hijo, debe primero ser parte de la mía. El método de enseñanza de un buen maestro es hacer y luego enseñar. Hechos 1:1. En el primer tratado, oh Teófilo, hablé acerca de todas las cosas que Jesús comenzó a hacer y a enseñar.

B. Porque la creencia superficial no impacta a la familia

Las personas más difíciles de ganar para Cristo es la propia familia. Para ejercer una influencia positiva y eficaz en nuestra familia deben ver una fe genuina en nosotros. Esta es la razón del porque Moisés dice que "estarán sobre tu corazón" Es decir, que la Palabra de Dios debe estar en lo más profundo de nuestro ser. Nada puede suceder a través de nosotros si no nos sucede a nosotros primero. Salomón dijo una gran verdad:[9] Proverbios 20:7. Camina en su integridad el justo; Sus hijos son dichosos después de él. Esta es la

---

[9] (El hogar cristiano. David Roper. La verdad para hoy)

consecuencia positiva en sus hijos de los que vivieron con justicia. Los padres que viven una doble vida, una en la iglesia y otra en su casa, no influenciaran positivamente a sus hijos. Es posible que los hijos nunca se conviertan o si se convierten seguirán los pasos de sus padres, un cristianismo superficial. El Dr. James Dobson dijo: "Las huellas que un hijo siga, es probable que sean aquellas que sus padres trataron de ocultar"[10]

C. Porque solo el corazón guarda el corazón

No hay otra manera de hacerlo, Moisés ya lo dijo: "y estas palabras, que les estoy mandando hoy, estarán en su corazón" La palabras de Dios tienen que ser parte en la vida de nosotros como padres. Debemos vivir de acuerdo a los principios bíblicos para poder ayudar más efectivamente a nuestros hijos. Tener la Palabra de Dios en nuestro corazón significa: leer, estudiarla, meditarla y por supuesto aplicarla cada día. Dios sabe que de la "abundancia del corazón habla la boca" Mateo 12:34 y también sabe que solo el corazón puede convencer al corazón. Por tales motivos, Dios está interesado en que su palabra este en el corazón. Porque solo así tendrá buenos resultados.

El plan de Dios para la familia tiene como base el mismo hogar

---

[10] Dr. James Dobson.

Moisés dijo: "y las repetirás a tus hijos, y hablarás de ellas estando en tu casa, y andando por el camino, y al acostarte, y cuando te levantes. 8 Y las atarás como una señal en tu mano, y estarán como frontales entre tus ojos;

A. Los padres tienen el deber de enseñar de Dios a los hijos.

Nuestra fidelidad como padres a Dios y la educación en el hogar van juntos. Es decir, que no solo se debe obedecer a Dios, sino también enseñar. En este caso a los nuestros primero. Los padres no pueden delegar esta responsabilidad a la iglesia o al predicador. Aunque en la iglesia se presenten buenas lecciones, ello no suple lo que los padres deben de enseñar. Este texto enseña bien quienes y donde debe de ser la educación espiritual de los hijos. Los padres constituyen los predicadores más efectivos. Salomón bien escribió. Proverbios22:6 Instruye al niño en su camino, Y aun cuando fuere viejo no se apartará de él.

Los hijos estarán preparados para aprender solo cuando nosotros lo estemos para enseñar.

B. **Los padres deben de hacerlo parte de las actividades en hogar**

En el versículo 7 nos enseña: "hablarás de ellas estando en tu casa, y andando por el camino, y al acostarte, y cuando te levantes". Los verbos contrarios como "estar-andar", "acostartelevantarte" no significan específicamente que se debe enseñar a horas fijas, sino el hacerlo todo el tiempo. Se trata de enseñar en toda actividad humana habitual. Se trata de hacer a Dios parte de nuestras vidas. La enseñanza es aprender a ser cristianos donde quiera que estemos. Sin embargo, también se puede tomar en sentido específico. "estando en tu casa" puede indicar, las horas de las comidas. "andando por el camino" indicar cuando se viaja, cuando se llevan a la escuela. etc. "al acostarte" Puede indicar hacer oración con ellos, leerles algo antes de dormir o simplemente dialogar. **"cuando te levantes"** indica en la mañana a la hora del desayuno. La ultima actividad en la noche y la primera en la mañana. En fin debemos hacerlo en todo tiempo.

C. Los padres deben usar como método la conversación

Notemos como dice: **"y las repetirás a tus hijos, y hablarás de ellas"** Repetir y hablar. No se trata de darles un sermón o una conferencia de la Biblia a nuestros hijos. Se trata de una conversación normal de la Palabra de Dios. No se trata de asustarlos y amenazarlos y hacer que no nos quiera oír. Sino hablar de Dios y enseñarles de una manera normal. Se trata de hacer parte de nuestro diario vivir la Palabra de Dios y por tanto, hablar de ella de una manera natural. Hablar de ella como hablamos de cualquier otra cosa. Hay que hablar de cosas espirituales no de chismes.

El plan de Dios para la familia debe repercutir en la sociedad

En los versículos 8 y9. Moisés dijo: "Y las atarás como una señal en tu mano, y estarán como frontales entre tus ojos; 9 y las escribirás en los postes de tu casa, y en tus puertas". Los "postes de tu casa" es una referencia a la casa nuestra y "tus puertas" es una referencia a las puertas de la ciudad. O sea que la Palabra de Dios no solo se debe quedar en lo privado sino que debe afectar a la comunidad de una manera positiva.

A. Que sea Dios quien gobierne las acciones

Por eso es que dice: "atarás como una señal en tu mano" no te trata de traerla como una pulsera sino se trata de que a la hora de actuar, sus acciones estén reguladas por la Palabra de Dios. Una de las razones del porque la delincuencia organizada, el consumo de sustancias psicoactivas, vandalismo, culturas urbanas haciendo apología a la rebeldía juvenil está teniendo mucho éxito entre la juventud de hoy en día, es que estos jóvenes no tienen nada de Jesús en sus corazones. Fueron padres que por diversas razones no hicieron el ejercicio de criarlos bajo los parámetros de la Palabra de Dios. Sus acciones no están gobernadas por Dios, sino por pensamientos dirigidos por el mismo enemigo. Dios desea que formemos familias que impacten a la sociedad.

B. Que sea Dios quien gobierne los pensamientos

Por eso también dice la Escritura: "estarán como frontales entre tus ojos" No se trata de traer una diadema con textos de la Biblia, sino que se trata de que nuestros pensamientos estén gobernados por Dios. Porque Salomón bien dijo en el Prov.23:7 Porque cuál es su pensamiento en su corazón, tal es el. En otras palabras lo que el Sabio Salomón está diciendo, es que el hombre llega a transformarse en aquello que piensa. Es decir, que nuestra mente determina la dirección de nuestra vida. Primero son pensamientos, luego actitudes, (disposición) luego acciones y luego resultados. O sea que todo empieza en la mente. El ataque más poderoso del diablo contra el cristiano es dirigido a la mente. Porque sabe el diablo que si puede controlar la mente lo puede controlar todo. Por eso es muy importantes que en nuestra mente este la Palabra de Dios. Veamos el siguiente grafico la mente de Cristo para explicar el proceso de un pensamiento cristo céntrico y la conducta como resultado: La familia que logra desarrollar la mente de Cristo afectaran positivamente a la sociedad y serán imitados a hacer lo mismo.1 Corintios 2:16. Porque ¿quién conoció la mente del Señor? ¿Quién le instruirá? Más nosotros tenemos la mente de Cristo.

C. Que sea Jesucristo quien gobierne el hogar

Chrales Spurgeon el príncipe de los predicadores escribió: "Cuando el hogar se gobierna de conformidad con la Palabra de Dios, se le podría invitar a los ángeles a morar con nosotros, y ellos, haciéndolo, no se sentirían extraños".[11] Cuando es Jesucristo quien gobierna a la familia no habrá otra cosa tan importante para el esposo que su esposa. Y no habrá otra cosa tan importante para la esposa que su esposo. Para los padres no habrá otra cosa tan importante que sus hijos. Y para los hijos no habrá otra cosa tan importante que sus padres. Solo así se puede llamar al hogar "Dulce hogar"[12] Es Jesucristo y la Biblia lo que hace al hogar. El salmista bien dijo: Salmos 127:1. Si Jehová no edificare la casa, En vano trabajan los que la edifican.

CODEPENDENCIA Y FAMILIA

El Señor en Su Palabra nos enseña que debemos ser benignos y cada uno debemos llevar sus propias cargas, pero cuando se trata de problemas de consumo de drogas en algún ser amado todo cambia, ya que muchos familiares se hacen responsables de esas cargas llegando a sufrir aún más que la persona adicta. Por esta razón debemos ser cautos a la hora de ayudar sabiamente a estas

---

[11] Chrales Spurgeon

[12] Estudio de Juan Ramón Chávez Torres

personas, veamos a continuación que síntomas presenta una familia que tiene un familiar en el consumo de alguna droga u otra adicción.

La familia como célula de la sociedad recibe de manera directa todo el impacto de la persona que tiene problemas de consumo de sustancias psicoactivas y otras adicciones, de modo que no existe familia que no se afecte y muestre síntomas de disfunción, cuando uno de sus miembros llega al consumo de drogas, empieza a producir una serie de conductas que apoyan al desarrollo de la adicción. A esto le llamamos codependencia.

¿QUIÉNES DESARROLLAN CODEPENDENCIA?

La codependencia puede ocurrir en cualquier persona que está en contacto con la adicción de otra persona, ya sea un familiar, amigo, compañero, pareja o cliente que sufra de adicción. Además existen otros problemas de comportamiento y enfermedades que pueden generar codependencia, tales como la violencia, el maltrato, etc. Toda persona expuesta a estas situaciones, puede desarrollar codependencia.

¿Cuáles son los síntomas de la Codependencia?

La codependencia se caracteriza por una serie de síntomas tales como:

    1. Dificultad para interactuar con otras personas.

2. Siempre están en una actitud de negación.

3. Quieren controlar al adicto siendo permisivos o autoritarios.

5. Llegan a sentirse responsables por el consumo de drogas del individuo.

6. Creen que no pueden salir de la situación, debido a que la ciencia dice que es una enfermedad sin cura.

7. Stress continuo y serias patologías: espasmos, dolores de cabeza, etc.

8. Por ultimo depresión continúa[13]

Estos síntomas se presentan por lo regular en todo familiar del adicto, pero luego se transfiere a las demás relaciones del codependiente.

DISFUNCIÓN FAMILIAR

Las reglas familiares se vuelven confusas, duras e injustas para sus miembros, así como los roles de cada miembro familiar que se van distorsionando a lo largo del proceso de avance de la adicción. Todos los miembros de la familia se afectan de este sistema de reglas disfuncionales, y es allí, donde

---

[13] Dr. Saúl Alvarado - Médico Adiccionista - www.adicciones.org/familia/codependencia.html

los niños van formando su carácter codependiente, que puede facilitar el desarrollo de adicciones o de relaciones enfermas en el futuro.

CODEPENDENCIA TEOTERAPÉUTICA

Otra modalidad de codependencia es hacia las personas o profesionales que intervienen en el proceso de recuperación del adicto. Nosotros los que intervenimos o que trabajamos en esta área del tratamiento de las adicciones, siempre estamos en riesgo de desarrollar codependencia como resultado de la exposición a la adicción de nuestros pacientes. He visto muchísimos pastores, líderes y profesionales haciéndose poseedores de la carga que genera la codependencia y ellos mismos empiezan a sufrir las consecuencias, porque piensan que son ellos y no Jesucristo el que debe llevar la carga, bien lo dice la Escritura: Mateo 11:28-30. Venid a mí todos los que estáis trabajados y cargados, y yo os haré descansar. Llevad mi yugo sobre vosotros, y aprended de mí, que soy manso y humilde de corazón; y hallaréis descanso para vuestras almas; porque mi yugo es fácil, y ligera mi carga.

RECUPERACIÓN DE LA CODEPENDENCIA

Si usted es la persona más preocupada porque su familiar salga o no continúe consumiendo sustancias psicoactivas u otras adicciones, lo mejor sería que dejara solamente de preocuparse y pasara a ocuparse, es decir, a hacer algo de inmediato para recibir ayuda usted mismo.

La mayoría de los familiares de los alcohólicos y los adictos al consumo de sustancias psicoactivas niegan que les haya afectado y afecte el problema de la adicción de un miembro de la familia. Este tipo de pensamientos provocan una gran confusión no solamente en el adicto sino en toda la familia. Vista como una unidad, los efectos directos del abuso de alcohol y sustancias psicoactivas sobre la familia son el de la desintegración y el de la disfuncionalidad, esto es, por un lado la inevitable tendencia a desaparecer como grupo unido y por el otro la incapacidad creciente para cumplir sus objetivos humanos básicos, como lo son el cuidado y la protección de sus integrantes así como el de ser un espacio para el ejercicio sano de la vida afectiva y de relación.

La adicción al alcohol y el consumo de sustancias psicoactivas debe ser visto como un problema que afecta no sólo al que se intoxica con esas sustancias sino como un conflicto de todo el grupo familiar al que pertenece el adicto. La restauración de este último debe estar en estrecha relación con la de todos los miembros de la familia, y por todo lo anterior, he aquí algunas sugerencias.[14]

---

[14] Dr. Saúl Alvarado - Médico Adiccionista - www.adicciones.org/familia/codependencia.html

1. Lo primero y más importante, busque ayuda en una congregación donde enseñen la Palabra de Dios.
2. Infórmese todo lo que sea posible sobre la naturaleza exacta de esta problemática. Mientras más información obtenga, más armas tendrá para enfrentar y resolver el problema.
3. Hable inmediatamente de este asunto con los demás miembros de la familia. El silencio es uno de los peores enemigos que la familia tiene que vencer para poder sobrevivir a las grandes crisis que provoca un adicto en el seno del hogar.
4. Ubique instituciones especializadas en la Palabra de Dios referente al tema de las adicciones, recuerde que hay muchos que profesan piedad y preocupación, pero son lobos vestidos de ovejas para sonsacarle el dinero que usted posee y luego verse expuesta a una recaída. No se quede con dudas. Documéntese y pregúnteles a los expertos.

FAMILIA Y PROCESOS DE RESTAURACIÓN

La adicción a las drogas representa para la familia y la sociedad actual un importante problema de salud pública, y para optimizar su tratamiento se requiere mayor comprensión, y por esta vía mayor aceptación, del origen multicausal de sus efectos y de la necesidad de una intervención teoterapéutica integral.

MODELO DE INTERVENCIÓN FAMILIAR

A continuación, se describe un ejercicio de principios, que pretende ejemplarizar estrategias encaminadas a proteger y recuperar al individuo de la amenaza del consumo y la adicción a las drogas. Estos principios y se soportan en el desarrollo y actuación de la familia, considerada eje fundamental para la recuperación del problema de la adicción al consumo de sustancias psicoactivas u otras adicciones. El consumo de sustancias psicoactivas afecta negativamente tres áreas en la familia del individuo que las consume y son precisamente las mismas que deben ingresar en un proceso de restauración, veamos:

1. Área espiritual

El grupo familiar deberá vincularse a grupos de soporte y apoyo familiar (células o grupos familiares donde se enseñe la Palabra de Dios); en ellos, podrá expresar sus emociones y compartir temores y/o expectativas con otras familias que transitan por la etapa de reincorporación del individuo al grupo familiar y a la vida social activa y productiva. Es muy importante que cada congregación maneje un Ministerio específico para tratar esta problemática que tanta labor demanda, con personal capacitado en el abordaje de este fenómeno.

2. Área Psicológica

Es muy importante restaurar las emociones de la familia, la familia al no tener un manejo adecuado de sus estados emocionales termina siendo manejadas por sus sentimientos. En el prov. 4:23. Sobre toda cosa guardada, guarda tu corazón; Porque de él mana la vida. El Señor es muy claro en Su Palabra al indicarnos la importancia de cuidar nuestro corazón para que no obre conforme a los sentimientos, sino al contrario, por convicción de que nuestro Señor Jesucristo tiene el control de la situación.

3. Área Física

El stress producido por tener un familiar sumergido en el consumo de drogas, hace que se desencadene una serie de malestares en esta área. Es muy importante descansar en el Señor y en Su Palabra, para no dar cabida a ninguna patología como resultado de la preocupación… Recuerde que el cuerpo es el que recibe el impacto de la disfunción del área espiritual y psicológica.

La mejor manera de ayudar a un familiar que está sumergido en el consumo de sustancias psicoactivas, parte de una relación disciplinada, constante y corazón dispuesto en la búsqueda del dador de la vida ¡Jesucristo! El ya pago por nuestros pecados y nos insta a llevar vidas comprometidas con Su Palabra, ya que es la única autoridad de fe y conducta para la edificación de Su iglesia. No continúe lamentándose por los errores y fracasos en el hogar, hoy es un buen día para buscar con ahínco la ayuda del que todo lo puede: Jesucristo.

Venid a mí todos los que estáis trabajados y cargados, y yo os haré descansar. Llevad mi yugo sobre vosotros, y aprended de mí, que soy manso y humilde de corazón; y hallaréis descanso para vuestras almas; porque mi yugo es fácil, y ligera mi carga.

Jesucristo.

Bibliografía

Biblia Reina Valera 1960 Sociedades Bíblicas
Biblia al Día
Biblia Nueva Traducción Viviente
Biblia Traducción en Lenguaje Actual
Dr. David Hormachea.
El hogar cristiano. David Roper. La verdad para hoy
Dr. James Dobson.
Copyright© 2015 Watch Tower Bible and Tract Society of Pennsylvania. Todos los derechos reservados.
Devocionales Cristianos © Copyright 2015 | Diseño VissionWeb.
www.LosNavegantes.net - Samuel Clark G.
Maracaibo, Venezuela 15/XI/87 El Divorcio y el Segundo Matrimonio.
Dr. Saúl Alvarado - Médico Adiccionista - www.adicciones.org/familia/codependencia.html

I.N.T.A

INSTITUTO DE NEURO ADICCIONES

EDUCACIÓN PARA LA SUPERACIÓN DE LAS ADICCIONES Y LOS COMPORTAMIENTOS NEGATIVOS EN LA JUVENTUD

BOGOTÁ - COLOMBIA

Línea de atención:
+57 300 727 9568
Colombia

Después de haber vivido el problema de las adicciones por 20 años. Ha dedicado tiempo en desarrollar material sobre la familia y el fenómeno de la drogadicción. Además ha impartido talleres y conferencias en prevención del consumo de drogas, acoso escolar, rebeldía juvenil, noviazgo, familia y liderazgo para ayudar a la familia en la prevención del consumo de drogas y otras adicciones. En la actualidad es evangelista, Lic. En teología pastoral, escritor, conferencista, asesor y apoyó terapéutico en prevención del consumo de sustancias psicoactivas del Servicio Nacional de Aprendizaje SENA - CFAFC, autor del diplomado de teoterapia de las adicciones, director y fundador de la Fundación Teoterapeutica Valle de Beraca.

JOSÉ VELANDIA
Especialista en Adicciones

Editorial Beraca

Made in the USA
Middletown, DE
04 February 2025